ICH BIN
DER LEBENDIGE CHRISTUS

Die Lehren von Jesus

In der Bearbeitung
von
Peter Mt. Shasta

Aus dem Amerikanischen
von
Reinhold Köglmeier

Bibliografische Information der Deutschen
Nationalbibliothek:
Die Deutsche Nationalbibliothek verzeichnet diese
Publikation in der Deutschen Nationalbibliografie;
detaillierte bibliografische Daten sind im Internet über
http://dnb.dnb.de abrufbar.

petermtshasta@gmail.com
www.PeterMtShasta.com

Titel der Amerikanischen Originalausgabe:
I AM the Living Christ – Teachings of Jesus
Übersetzung: Reinhold Köglmeier
Lektorat, Korrektorat: Susanne Meyer
Umschlaggestaltung: Susanne Meyer
Umschlagfoto: Jesus, Foto der Nonne Anna Ali, 1987

Printed in Germany
Herstellung und Verlag:
BoD – Books on Demand, Norderstedt

ISBN 978-3-7448-3637-1

Inhaltsverzeichnis

1. Einführung.. 7

2. Verborgene Lehren.. 11

3. Am Anfang 15

4. Jesu Geburt.. 16

5. In dem, das meines Vaters ist 18

6. Taufe und Prüfungen 20

7. Jesu Mission beginnt 23

8. Ihr seid das Licht der Welt................................ 25

9. Liebt euren Feind... 28

10. Wie man betet 30

11. Schaut nur auf Eines 31

12. Der reiche und der arme Mann 33

13. Seid frei von Anhaftung.................................... 35

14. Richtet nicht 37

15. Goldene Regel 38

16. Falsche Propheten 39

17. Erbaut euer Haus auf dem Felsen des Glaubens .. 40

18. Jesus heilt viele 41

19. Ihr könnt nicht zwei Herren dienen 44

20. Die Natur gehorcht dem Meister...................... 45

21. ICH BIN für jene hier, die sich verirrt haben........ 46

22. Wer ist ohne Sünde?... 48

23. ICH BIN das Licht der Welt 50

24. Ich war blind, nun kann ich sehen.................... 55

25. ICH BIN die offene Tür 59

26. Die Pharisäer verbreiten unwahre Geschichten 62

27. Wer ist meine Familie?..................................... 65

28. Welche Saat wird wachsen?.............................. 66

29. Gute und schlechte Saat wächst gemeinsam 67

30. Das Königreich des Himmels 70

31. Ein Prophet gilt nichts im eigenen Land 71

32. Viele Führer sind blind 73

33. Der verlorene Sohn 75

34. Wie ihr gebietet, so wird es sein 78

35. Wer sein Leben retten will, muss es zuerst
    verlieren 80

36. Verwandlung Jesu 81

37. Habt Vertrauen 83

38. Werdet wie Kinder 84

39. Der reiche Mann 85

40. Wer wird im Himmel Erster sein? 87

41. Sollen wir Steuern bezahlen? 90

42. Die zwei größten Gebote 91

43. Nur Gott ist euer Vater 92

44. Hütet euch vor falschen Propheten 94

45. Die große Trübsal 96

46. Lazarus steht von den Toten auf 100

47. Maria salbt Jesus 104

48. ICH BIN Eins Mit Gott 106

49. Im Garten Gethsemane 109

50. Vor Gericht 112

51. Wiederauferstehung und Aufstieg 116

Anmerkung: Aufstieg 120

Quellenverzeichnis 121

Danksagung 122

Weitere Bücher von Peter Mt. Shasta 123

1. EINFÜHRUNG

Diese Lehren, von dem, der als Jesus Christus bekannt ist, sind heutzutage so lebendig und bedeutungsvoll wie vor zwei Jahrtausenden. Er war einer der ersten, die diese zeitlose Weisheit aus dem Fernen Osten in die westlichen Länder brachten. Diese Weisheit, die in Indien und Tibet unter verschiedenen Namen lange bekannt war, nannten die Kirchenoberen schließlich Christentum. Jesus selbst strebte nie an, eine Religion zu gründen, noch wollte er angebetet werden, denn er lehrte, dass Gott in jedem ist. Da es über das Leben von Jesus von niemandem, der ihn kannte, schriftliche Aufzeichnungen gibt, müssen wir uns auf mündlich weitergegebene Geschichten verlassen, die erst sechzig bis einhundertsechzig Jahre nach seinem Tod aufgeschrieben und bis zum heutigen Tag fortwährend verändert wurden. Heute gibt es nicht weniger als 5700 schriftliche Bruchstücke sogenannter „biblischer" Lehren.[1] Zusätzlich zu den vier

---

[1] Mark Roberts, *Can We Trust the Gospels? Investigating the Reliability of Matthew, Mark, Luke, and John*, Crossway, 2007.

offiziellen Evangelien des *Neuen Testaments,* von denen keines tatsächlich von den Personen geschrieben wurde, deren Namen ihnen zugeordnet werden, gibt es mindestens zwanzig andere Gnostische Evangelien, die von den Kirchenvätern im vierten und fünften Jahrhundert ausgelassen wurden.[2] Tatsächlich wurden viele Doktrinen von der Kirche hinzugefügt, zum Beispiel die Doktrin der Erbsünde. Nirgendwo sagt Jesus, dass Menschen als Sünder geboren werden, eine Vorstellung, die von Augustinus eingeführt wurde.

Die Absicht dieser Präsentation der Lehren Jesu ist es, das Verständnis der früheren Lehren aus dem Fernen Osten wieder-zuerlangen, wie es vor den Veränderungen durch die Kirche bestand.

Die gesprochene Sprache zur Zeit Jesu war Aramäisch, doch gibt es keine schriftlichen Aufzeichnungen über Jesus in dieser Sprache, und die meisten der Evangelien wurden in Griechisch geschrieben, später ins Lateinische übersetzt, dann ins Englische. Die meisten gegenwärtigen Versionen der Bibel sind Anpassungen an die King James Bibel, die im

---

[2]   *The New Oxford Annotated Bible;* May & Metzger, 1977.

sechzehnten Jahrhundert ins Englische übersetzt wurde von einer Gruppe von 47 Gelehrten, von denen nur einer Hebräisch
verstand, die Sprache der alten jüdischen
Weissagungen. Diese Gelehrten übergaben
ihr revidiertes Manuskript Francis Bacon, der
es noch weiter bearbeitete, bevor er es King
James vorlegte. Somit gibt es keine einzige
authentische, historisch genaue Version der
Bibel, von der wir sagen können, sie sei das
offizielle „Wort Gottes"; vielmehr gibt es
viele Versionen mit unterschiedlichen Ebenen
der Inspiration.

Bei der Bearbeitung dieser Version zog ich
die gnostischen Texte zu Rate, einschließlich
des *Evangeliums der Maria, das Thomas- und
Judas-Evangelium, die Schriftrollen vom Toten Meer,*
und verschiedene Versionen der *King James
Bible.*

Ich nahm auch die alte Weisheit des
Fernen Ostens auf, welche die Quelle dieser
Lehren ist, die die Innere Gott-Gegenwart
betonen – die Jesus *Der Vater* nannte.[3] Es ist
unwahrscheinlich, dass ein erleuchtetes We-

---

[3] *The Dead Sea Scrolls, A New Translation,* Wise,
Abegg and Cook HarperSanFrancisco, 1996. Dt.: Die
Schriftrollen von Qumran; Übersetzung und Kommentar –
Mit bisher unveröffentlichten Texten, Pattloch, 1997.

sen, ein Bote Gottes, sich nur auf den Vater-Aspekt Gottes bezieht, wenn Sie also im Folgenden „Gott der Vater" lesen, sollte der weibliche Aspekt, „Gott die Mutter", als gegeben angenommen werden.

2. Verborgene Lehren

Es gibt in den Evangelien (aus dem Griechischen „gute Nachricht") des Neuen Testaments durchgehend Hinweise auf verborgene Lehren. Welche sind diese? Jesus sagt ganz deutlich, dass es einige Dinge gibt, die nicht jeder verstehen wird, und anstatt zu versuchen, sie zu erklären, erzählt er oft eine Geschichte, die jeder auf irgendeiner Ebene erfassen kann. Einige wird die Geschichte nur unterhalten, mit einer Bedeutung, die sich ihnen im Laufe der Zeit allmählich offenbaren mag, während andere die beabsichtigte Wahrheit sofort wahrnehmen.

Jesus verwendet viele Formen der Analogie, um Wahrheit zu vermitteln, und seine liebste ist die Allegorie oder Parabel, eine Geschichte mit einem indirekten Vergleich oder einer Beziehung. Eine seiner gebräuchlichsten Metaphern ist „Gott der Vater", in der das universelle Bewusstsein, das alle Schöpfung durchdringt, mit einem liebenden Vater verknüpft wird, der für seine Kinder sorgt. An einer anderen Stelle verwendet er den Vergleich, „Das Himmelreich ist wie eine kostbare Perle". Einige seiner häufigsten

Metaphern sind in den „ICH BIN"-Aussagen enthalten, wie „ICH BIN der gute Hirte", womit er andeutet, dass seine Anhänger wie Schafe sind, auf die er aufpasst; oder, „ICH BIN die offene Tür" (durch die seine Schafe zur Weide des Königreichs im Himmel gehen mögen).

Viele seiner mächtigsten Aussagen verwenden die Worte, „ICH BIN", wie in „ICH BIN der Weg, die Wahrheit und das Leben". In der Folgezeit fügten spätere Schreiber und Kirchenmänner nachträglich hinzu, „Keiner kommt zum Vater, denn durch mich", und änderten die Bedeutung dahingehend, dass Jesus der einzige Sohn Gottes ist, und Erlösung nur erlangt werden kann, indem man Ihn anbetet, statt Gott als die Christus-Gegenwart im Innern – ausgedrückt durch die Worte „ICH BIN".

In den alten Texten und mündlichen Überlieferungen aus Indien, welche die Quelle dieser Lehren sind, rufen die den Worten „ICH BIN" entsprechenden Sanskrit-Worte eine tiefe erfahrbare Erkenntnis der Quelle hervor. Nicht nur sagt das Alte Testament, dass Gott zu Moses sprach, „Mein Name ist 'ICH BIN'", sondern Jesus wusste, dass jede Aussage, die nach ICH BIN kommt, zu einer Saat wird, die wirkliche Früchte tragen wird. Im Sanskrit werden diese Aussagen *Bija Mantras* genannt, Saat-Essenzen. Er wusste, dass durch das Wiederholen dieser Saat-Aussagen, die man heute ICH BIN-Affirmationen nennt, eine Person mit dieser Essenz Eins wird. Jesus wollte nicht, dass die Menschen Ihn anbeteten, sondern ihr eigenes ICH BIN, ihren Inneren Christus. Daher ist der Titel dieses Buches, *ICH BIN der Lebendige Christus.* Aus diesem Grund werden viele der ICH BIN-Aussagen von Jesus in diesem Buch hervorgehoben.

Diese alte Weisheit des Fernen Ostens wurde von Handelskarawanen von Indien in den Mittelmeerraum getragen. Jeder, der die Weltreligionen studiert hat, wird erkennen, dass die Lehren, die man ausschließlich Jesus zuschreibt, bereits tausende von Jahren vor der christlichen Ära in Indien, Tibet, Irak und Afghanistan existierten. Jesus war ein hochintelligenter junger Mann, der darauf erpicht war, Weisheit zu erlangen, und so war er schon als Kind mit diesen mündlich überlieferten Lehren aus dem Osten vertraut. Viele glauben auch, dass er dieses Wissen auf seinen eigenen Reisen nach Indien und Tibet, während der „fehlenden Jahre", von seinem zwölften bis dreißigsten Lebensjahr, erweiterte. Die Bibel berichtet nichts über seine Aufenthaltsorte während dieser Zeit.

Wenn die ICH BIN-Aussagen vom Ego gesprochen werden, mögen sie hochmütig oder sogar gotteslästerlich erscheinen, aber wenn sie innerlich von der Quelle kommend gesprochen werden, rufen sie Gott zum Handeln auf. Das ist die Gegenwart, auf die sich Jesus bezog, als er den 82. Psalm zitierte (Johannes, 10:34):

Ihr seid Götter,
ihr alle seid Söhne und Töchter
des Allerhöchsten.

3. AM ANFANG

Am Anfang war Bewusstsein, und dieses Bewusstsein drückte sich aus als ICH BIN. Alles, was ist – Liebe, Licht und Leben – ging aus diesem ICH BIN hervor. Dieses Wort wurde Fleisch und wohnte unter uns, und wir schauten diese Herrlichkeit, die Herrlichkeit eines Gottessohnes, voller Gnade und Wahrheit, und dieses Licht wurde geboren in der Gestalt desjenigen, der als Jesus bekannt wurde.

Von Abraham, geboren im Ur der Chaldäer (heute Irak), bis zur Geburt Davids, des Hirten, der König wurde, gab es vierzehn Generationen; von David bis zur Invasion der Babylonier und der Gefangennahme der Juden gab es vierzehn Generationen; und von da an bis zur Geburt Jesu gab es vierzehn Generationen. Joseph, der Vater Jesu, stammte von diesem Geschlecht Abrahams und Davids ab.

4. JESU GEBURT

Joseph war mit Maria verlobt, und wollte sie heiraten, aber als er entdeckte, dass sie schwanger war, wollte er die Hochzeit absagen, da sie nie intim geworden waren. Er wollte einen abgeschiedenen Ort finden, an dem sie gebären könne, um der Beschämung zu entgehen. Aber es erschien ihm ein Engel im Traum, der ihm auftrug, die Hochzeit doch zu vollziehen, und der ihm mitteilte, dass das Kind, mit dem Maria schwanger war, ein großer Bote der Liebe und Weisheit sein werde. Der Engel trug ihm auf, dem Kind den Namen Jesus zu geben. Später wurde Jesus als ein von Gott Gesalbter erkannt („Messias" im Hebräischen, oder „Christos" im Griechischen).

Anders als andere Kinder wollte der junge Jesus alleine in der Stille sein und mit seinem Höheren Selbst kommunizieren, das er später *der Vater* nannte. Von dieser inneren Gegenwart empfing er Lehren, Führung und unendliche Liebe. Er konnte auch die Gedanken anderer wahrnehmen und sah oft die früheren Handlungen, welche die Ursache ihres gegenwärtigen Unglücks waren.

Es stimmte ihn traurig, wenn er erkannte, dass andere nicht sahen, wie alles miteinander in Beziehung steht, und dass sie nur für den Augenblick lebten, ohne Rücksicht auf die Folgen in der Zukunft.

Er erkannte die Vergänglichkeit des Lebens und die Kostbarkeit eines jeden Augenblicks als eine Gelegenheit, Mitgefühl zu lernen und zur eigenen wahren unbegrenzten Natur zu erwachen.

Als Jesus älter wurde, gebar Maria dem Joseph vier weitere Söhne und zwei Töchter. Doch beteiligte er sich nicht an ihren Spielen, da er ihre Streiche als derb empfand und oft als verletzend, noch gingen seine Geschwister auf ihn zu, da sie ihn als wunderlich empfanden. Erst nach seinem Tod, und als sich sein Ruhm verbreitete, akzeptierten ihn seine Geschwister als jemand Besonderen.

5. IN DEM, DAS MEINES VATERS IST

Joseph war Zimmermann und lehrte seinen Sohn dieses Handwerk, damit er später unabhängig sei; Jesus wusste jedoch, dass das Zimmermanns-Handwerk nicht seine eigentliche Aufgabe war. Er liebte es, den Lehren von Moses, Abraham und den Propheten zuzuhören, die von den Alten mündlich weitergegeben worden waren. Er verbrachte viele Stunden damit, über die Gleichnisse nachzudenken, die sie erzählten, und deren Weisheit zu entschlüsseln. Sein Verständnis überraschte seine Lehrer derart, dass sie begannen, ihn zum Rabbi auszubilden (*Rabbi*, hebräisch, angesehener Lehrer. Es gab zu dieser Zeit keine formelle Ordination zum Rabbi).

Eines Tages nahmen Joseph und Maria die Familie mit nach Jerusalem, um einem Gottesdienst in der großen Synagoge beizuwohnen, als Vorbereitung auf das Passah-Fest. Auf ihrem Heimweg bemerkte Maria, dass Jesus fehlte, also kehrten sie zum Tempel zurück, wo sie ihn mitten in einer Gruppe von Rabbis fanden, die sich seine Interpretation der alten Lehren anhörten. Sie waren über die Weisheit dieses Jünglings erstaunt.

„Jesus, es ist Zeit, nach Hause zu gehen", bat Maria.

„Weißt du nicht, Mutter, dass es Zeit für mich ist, mich der Sache meines Vaters anzunehmen? Dazu wurde ich geboren – und dazu kam ich in die Welt."

„Aber Jesus, Joseph ist dein Vater, und seine Sache ist die Zimmerei."

„Nein Mutter, ich bin hier, um die Arbeit meines Vaters im Himmel zu tun."

6. Taufe und Prüfungen

Der Prophet Johannes taufte die Menschen im Fluss Jordan, und er sprach von einem Boten Gottes, der kommen sollte, und der sie mit dem Feuer des Heiligen Geistes taufen würde.

Als Jesus wusste, dass sein Wirken beginnen sollte, ging er zu Johannes, um getauft zu werden. Als er vor Johannes stand, kam der Geist in Form einer Taube hernieder, und viele hörten eine Stimme, „Das ist mein geliebter Sohn, an dem ich Wohlgefallen habe".

Johannes salbte ihn mit Wasser, und sagte der Menge, dass dies der Eine war, auf den er gewartet hatte. Jesus ging dann in die Wildnis und fastete vierzig Tage lang. Am Ende dieser Zeit wurde er von einem Dämon geprüft, der erschien und ihm ins Ohr flüsterte, „Wenn du eine Verkörperung Gottes bist, dann verwandle diese Steine in Brot, damit du was zu essen hast".

Jesus wusste, wie er mit der Nahrung des Geistes überleben konnte, und antwortete, „Ich lebe nicht vom Brot allein, sondern vom

ICH BIN, das aus dem Herzen Gottes kommt".

Doch beschloss er, nach seiner Rückkehr in die Gesellschaft dieselbe Nahrung zu essen wie die anderen, damit dieses anscheinende Wunder nicht ablenke von seiner Botschaft, einander zu lieben.

Dann nahm der Dämon Jesus aus seinem Körper und auf das Dach eines hohen Tempels und sagte, „Wenn du eine Verkörperung Gottes bist, stürze dich hinunter, und die Engel werden dich vor Schaden bewahren".

Wieder wusste Jesus, dass er geschützt sein würde, sollte es nötig sein, aber er wusste auch, dass es an ihm lag, sich selbst zu schützen, so gut er konnte, also weigerte er sich und sagte, „Es steht geschrieben, ‚Du sollst Gott nicht törichter Dinge wegen anrufen'".

Dann zeigte der Dämon Jesus alle Reichtümer der Welt, und sagte, „Wenn du mir dienst, schenke ich dir diesen ganzen Reichtum und diese Herrlichkeit."

Jesus antwortete, „Fort mit dir, du Dämon, ich diene nur Gott", und er fühlte großen

Frieden und war erfüllt mit der Macht des Heiligen Geistes.

7. Jesu Mission beginnt

Nachdem er diese Prüfungen bestanden hatte, die ihn dazu verleiten sollten, seine Macht zu missbrauchen, enthüllte ihm sein Höheres Selbst, dass seine eigentliche Arbeit nun beginnen würde, die Mission, derentwegen er sich entschieden hatte, in der Welt wiedergeboren zu werden.

Als er aus der Wüste zurückgekommen war und am See Genezareth entlangging, sah er einige Fischer. Er sagte zu ihnen, „Legt eure Netze weg und folgt mir, und ich werde euch zu Menschen-Fischern machen".

Noch nie hatte jemand so zu ihnen gesprochen, denn als er sprach, fühlten sie den Heiligen Geist. Seine Worte waren nicht hohl wie jene der Priester im Tempel, sondern waren erfüllt von Lebendiger Wahrheit, und sie folgten ihm.

Wohin er auch ging, versammelten sich Menschenmassen. Er heilte die Kranken, trieb Dämonen aus, befreite Menschen von ihren Wahnvorstellungen, und erfüllte sie mit der Erkenntnis ihrer grundlegenden Güte. Vor allem brachte er die Botschaft der Liebe, und erzeugte Mitgefühl in den Herzen aller, die ihm zuhörten, und er sprach von der Notwendigkeit der Universellen Brüderlichkeit in der Menschheit. Es versammelten sich so viele Menschen, dass er ein Stück eines nahen Berges hinaufstieg, damit alle hören konnten.

8. IHR SEID DAS LICHT DER WELT

Jesus sprach zu ihnen in Gleichnissen. „Ihr seid das Salz der Erde, aber wenn Salz seinen Geschmack verliert, wie soll seine Salzigkeit wiederhergestellt werden? Es taugt zu nichts mehr, man kann es nur noch wegwerfen. Das Salz ist das Licht; wenn ihr das Licht nicht durch eure Aufmerksamkeit aufrechthaltet, wird es schwächer werden, und ihr werdet so dunkel und leblos wie der Sand unter euren Füssen.

„Ihr seid das Licht der Welt. Eine Stadt auf einem Hügel erbaut, kann nicht verborgen werden. Noch entzünden die Leute eine Lampe und stellen sie unter einen Korb, sondern auf ein Gestell, und sie spendet für alle im Raum Licht. Lasst euer Licht in gleicher Weise vor anderen scheinen, und sie werden inspiriert sein, das Licht in sich selbst zu finden.

„Ihr wisst, ihr sollt keinen Mord begehen, und wer einen begeht, wird vor Gericht gestellt; aber ich sage euch, jeder, der auf seinen Bruder oder seine Schwester böse ist, begeht auch eine Form des Mordes, und wird für seine Gedanken gerichtet werden.

„Wer einen anderen beleidigt oder beschimpft, wird gerichtet werden, und wird dementsprechend leiden. Wenn ihr also zum Beten in einen Schrein geht, oder euch zum Meditieren zurückzieht, und ihr an jemanden denkt, der einen Groll auf euch hat, geht zuerst hin, und versöhnt euch mit dieser Person. Nur dann könnt ihr mit offenem Herzen in der Gegenwart Gottes sein. Wahrlich ich sage euch, ihr werdet dem Kreislauf der Wiedergeburt niemals entkommen, bis ihr alle eure Lektionen gelernt und alle eure Schulden bei anderen bezahlt habt bis zum letzten Pfennig.

„Ihr habt gehört, ‚Ihr sollt nicht ehebrechen', aber ich sage euch, jeder, der auf einen anderen mit Begierde schaut, begeht Ehebruch, und wird entsprechend leiden.

„Ihr habt von dem alten Gesetz gehört, ‚Auge um Auge, Zahn um Zahn', ich aber sage euch, ihr müsst euren Feinden vergeben. Euren Feinden Widerstand zu leisten, stärkt sie nur und schwächt euch. Wenn euch jemand ins Gesicht schlägt, schlagt nicht zurück. Wenn euch jemand zwingt, eine Meile mit ihm zu gehen, geht zwei Meilen mit ihm. Aber lasst niemanden euren guten Willen missbrauchen. Seid klug wie eine Schlange, aber harmlos wie eine Taube. Handelt aus Weisheit, und reagiert nicht aus Zorn. Beobachtet euch selbst, und richtet andere nicht.

9. LIEBT EUREN FEIND

Ihr habt gehört, ,Liebt euren Nachbarn und hasst euren Feind', ich aber sage euch, liebt eure Feinde und betet für jene, die euch verfolgen, da dies der einzige Weg zum Frieden ist.

„Gott lässt die Sonne scheinen auf die Bösen und auf die Guten, und schickt Regen, um auf den Gerechten ebenso wie den Ungerechten zu fallen. Wenn ihr nur die liebt, die euch lieben, was ist der Lohn? Wenn ihr auf der Straße geht, und ihr grüßt nur eure Freunde, welchen Verdienst erlangt ihr? Ich sage euch, grüßt jene, die ihr nicht kennt, sogar jene, die ihr abstoßend findet. Seid vollkommen wie euer Vater im Himmel vollkommen ist, doch trachtet nicht nach Lob.

„Wenn ihr meint, etwas Besonderes zu sein und eure Spiritualität anderen vorführt, wird euch der Geist verlassen.

„Wenn ihr Bedürftigen gebt, posaunt es nicht hinaus, um andere wissen zu lassen, was ihr tut. Lasst nicht einmal eure linke Hand wissen, was eure rechte tut, sodass euer Geben verborgen bleibe, und ohne Interesse an einer Belohnung. Euer Vater, der euch im

Verborgenen sieht, wird euch auch im Verborgenen belohnen.

„Wenn ihr meditiert, meditiert nicht in der Öffentlichkeit wie ein Scheinheiliger, damit andere sehen sollen, wie spirituell ihr seid, sondern geht in euer Zimmer, schließt die Tür, und betet im Verborgenen, und der Lohn wird euch im Verborgenen gegeben werden."

10. WIE MAN BETET

Dann sagte Jesus, „Hier ist eine Art zu beten. Beruhigt zuerst euren Geist und lenkt eure Aufmerksamkeit nach innen, dann sagt zur Gegenwart Gottes, die immer über euch ist:

O Vater im Himmel,

Heilig ist dein Name, ICH BIN,

Dein Königreich komme,

Dein Wille geschehe,

Auf der Erde wie im Himmel.

Gib uns heute unser tägliches Brot,

Und vergib uns wie wir Anderen vergeben.

Führe uns nicht in Versuchung,

Sondern befreie uns von dem Bösen,

Denn Dein ist das Königreich,

und die Macht,

Und die Herrlichkeit in Ewigkeit."

11. Schaut nur auf Eines

Jesus fuhr fort, „Sammelt auf der Erde keine Reichtümer an, welche von Motten und Rost zerfressen werden, und welche Diebe stehlen können, sondern bewahrt euren Schatz im Himmel auf; denn ich sage euch, wo euer Schatz ist, wird auch euer Herz sein.

„Eure Augen sind die Fenster eurer Seele. Wenn euer Blick nur auf Eins gerichtet ist, wird euer Körper mit Licht erfüllt sein. Wenn aber euer Blick auf zwei Dinge gerichtet bleibt, und ihr nur Dualität seht, werdet ihr in Dunkelheit verbleiben. Wenn es in eurem Innern kein Licht gibt, wie tief ist doch diese Dunkelheit!

„Ihr könnt nicht zwei Herren dienen, denn entweder werdet ihr den einen hassen und den anderen lieben, oder dem einen zugetan sein und den anderen missachten. Dient stattdessen nur dem Licht als eurem Meister, und ihr werdet mit Licht erfüllt sein."

Die Pharisäer, (die das Gesetz Moses' streng auslegten), lebten hauptsächlich für das Streben nach irdischem Reichtum; sie hörten diese Lehren und verhöhnten Jesus; aber er sagte zu ihnen, „Ihr, die ihr einen solchen

Stolz in euch empfindet, Gott kennt euer Herz, und schaut auf eure Selbstsucht mit Abscheu. Die Propheten der Vergangenheit predigten dieses gleiche Ewige Gesetz, aber nun verdrehen es die Menschen wie es ihnen passt. Wisst, dass Himmel und Erde vergehen werden, ehe sich diese Wahrheit verändert."

12. Der reiche und der arme Mann

Jesus erzählte dann das Gleichnis von einem reichen und einem armen Mann. „Es gab einen Reichen, der in Purpur und feines Leinen gekleidet war, und jeden Tag verschwenderisch tafelte. Vor seinem Tor lag auf der Straße ein armer Mann, der mit Wunden bedeckt war, woran die Hunde leckten. Er bat nur um Nahrungsreste von des reichen Mannes Tisch. Als er starb, trugen ihn die Engel zu Abraham im Himmel.[4] Bald starb auch der reiche Mann, aber er kam in die Hölle, wo er Qualen litt. Er schaute auf, und sah Abraham weit weg mit dem armen Mann an seiner Seite, und er rief, ‚Vater Abraham, hab Erbarmen mit mir; schicke mir diesen Mann, damit er seinen Finger in Wasser tauche und meine Zunge kühle, denn ich erleide großen Durst in diesen Flammen'.

„Aber Abraham sagte, ‚Sohn, zu deiner Lebenszeit hast du Gutes empfangen, und dieser arme Mann Schlechtes; aber jetzt ist er

---

[4]   Himmel und Hölle sind wohl als verschiedene Dimensionen zu betrachten, wohin die Seelen nach dem Tod gehen, um ihre Lektionen, die sie auf Erden begonnen haben, fortzusetzen.

hier in Geborgenheit, und du erleidest Qualen'.

„Dann sagte der reiche Mann in der Hölle, ‚Ich bitte dich Vater, schicke ihn zu meines Vaters Haus – denn ich habe dort fünf Brüder – und lass ihn sie warnen, damit sie nicht auch absteigen in diese Marter'.

„Abraham antwortete, ‚Deine Brüder haben die Lehren Moses' und der Propheten; lass deine Brüder sie befolgen'.

„Aber der leidende Mann sagte, ‚Nein Vater Abraham, wenn eine verstorbene Person hingeht und sie warnt, werden sie ganz bestimmt aufmerksam zuhören und ihre bösen Wege bereuen'.

„Abraham antwortete, ‚Wenn sie der Wahrheit von Moses und den Propheten kein Gehör schenken, dann werden sie auch nicht reuig, wenn sie jemand von den Toten besucht'."

13. Seid frei von Anhaftung

Jesus fuhr fort, „Ihr könnt nicht Gott und materiellen Dingen dienen, aber ihr könnt materielle Dinge verwenden, um Gott zu dienen. Wenn ihr Gott dient, unterstützt euch die gesamte Schöpfung. Seid nicht besorgt über die Einzelheiten eures Lebens, was ihr esst, trinkt, oder welche Kleidung ihr tragen werdet. Ist das Leben nicht mehr als Nahrung und Kleidung? Schaut auf die Vögel in der Luft; sie säen nicht, noch ernten sie, noch sammeln sie die Ernte in Scheunen, und dennoch ernährt sie euer Himmlischer Vater. Seid ihr Seiner Unterstützung nicht ebenso wert wie sie?

„Oh, ihr Kleingläubigen, warum sorgt ihr euch darum, was ihr anhabt? Denkt an die Lilien im Feld, wie sie wachsen. Sie arbeiten weder hart, noch spinnen sie, doch ich sage euch, nicht einmal Salomon mit all seiner Pracht war wie eine von diesen gekleidet. Und wenn Gott diese Blumen auf dem Feld so kleidet, die heute leben und morgen verwelken, wird er euch nicht viel eher kleiden?

Seid daher nicht bange, und sagt nicht, ‚Was sollen wir essen? Was sollen wir trinken?

Was sollen wir anziehen?'. Gott weiß, was ihr braucht, noch ehe ihr es wisst. Strebt zuerst nach dem Königreich im Himmel und nach Gottes Gerechtigkeit, und alle Dinge, die ihr braucht, werden euch gegeben werden.

Seid nicht besorgt um morgen, denn der Morgen bringt neue Sorgen. Erlaubt eurer Aufmerksamkeit in der Fülle der Gegenwart zu ruhen. Teilt eure Aufmerksamkeit nicht auf in Gegenwart, Vergangenheit und Zukunft, denn ihr habt mit der Gegenwart genug zu tun. Welcher von euch kann mit seinen Sorgen glücklich werden, oder auch nur eine einzige Stunde zu seiner Lebensspanne hinzufügen?"

14. RICHTET NICHT

Und Jesus sprach, „Richtet nicht, damit ihr nicht gerichtet werdet. Verdammt nicht, damit ihr nicht verdammt werdet. Vergebt, und euch wird vergeben werden. Gebt anderen und es wird euch gegeben werden. Wie ihr andere richtet, werdet ihr gerichtet werden. Warum seht ihr den Splitter im Auge eures Bruders, wenn ihr den Balken in eurem Auge nicht seht? Ihr Heuchler, entfernt zuerst den Balken aus eurem Auge, dann werdet ihr klar genug sehen, um den Splitter im Auge eures Bruders zu entfernen.

„Gebt Hunden nicht, was heilig ist, noch werft Perlen den Schweinen vor, damit sie nicht darauf herumtrampeln, und sich dann umdrehen und euch angreifen. Mit anderen Worten, versucht nicht einen zu belehren, der dazu noch nicht bereit ist. Er muss darum bitten, die Wahrheit zu erfahren, und dann wird sie gegeben werden. Er muss suchen, und dann wird er finden – klopft an, und die Tür wird geöffnet werden."

15. GOLDENE REGEL

Jesus sprach weiter, „Nun gebe ich euch die Goldene Regel:

**Behandle andere so,
wie du von anderen behandelt werden willst.**

„Tretet ein durch dieses enge Tor. Das Tor zur Selbstsucht ist breit und der Pfad leicht, führt aber zur Zerstörung. Jene, die durch dieses Tor eintreten, sind deren viele. Durch das Tor der Selbstlosigkeit einzutreten ist schwierig, und nur wenige finden es.

16. FALSCHE PROPHETEN

„Hütet euch vor falschen Propheten, die im Schafspelz zu euch kommen, aber im Inneren raubgierige Wölfe sind. Ihr werdet sie an ihren Früchten erkennen. Kann man Trauben von Dornenbüschen ernten, oder Feigen von Disteln? Jeder gesunde Baum trägt gute Früchte, aber der kranke Baum trägt schlechte Früchte. Jeder Baum, der keine gute Frucht trägt, sollte gefällt und ins Feuer geworfen werden. Ihr werdet diese falschen Propheten an ihren Früchten erkennen.

„Nicht jeder wird ein Prophet sein, der Vorhersagen macht und sagt, ‚Gott sagt dies, oder Gott sagt das', und das Königreich des Himmels betreten, sondern nur jener, der den Willen des Vaters tut. Am Tag des Gerichts nach dem Tod, wenn alle ihre eigenen Handlungen der Vergangenheit anschauen und beurteilen, werden viele kommen und sagen, ‚Herr, Herr, habe ich nicht in Deinem Namen Vorhersagen gemacht?' Und ich werde ihnen sagen, ‚Dich kenne ich nicht. Geh von mir, du Frevler.'"

17. Erbaut euer Haus auf dem Felsen des Glaubens

„Jeder, der die Wahrheit hört und danach lebt, wird sein wie der weise Mann, der sein Haus auf Felsen baute. Der Regen fiel, und die Fluten kamen, und die Winde bliesen und rüttelten an diesem Haus; aber es stürzte nicht ein, weil es auf Felsen gegründet war. Jeder, der diese Worte hört und sie nicht beachtet, wird sein wie der dumme Mann, der sein Haus auf Sand baute. Der Regen fiel, und die Fluten kamen, und die Winde rüttelten an diesem Haus, und es stürzte ein; und der Sturz war groß."

Jesus beendete seine Belehrung und die Menge stand erstaunt da. Nie hatten sie jemanden gehört, der Worte gesprochen hatte, die so aufgeladen waren mit der Kraft des Geistes.

18. JESUS HEILT VIELE

Er stieg vom Berg herunter und die Menge folgte ihm. Ein Leprakranker kam, kniete sich vor ihm nieder und bat, „Herr, heile mich", und der Leprakranke war geheilt.

Jesus streckte seine Hand aus, berührte den Leprakranken und sprach die Worte, „ICH BIN die Gegenwart Gottes, die dich heilt", und der Leprakranke war geheilt.

Als er nach Kapernaum kam, trat ein römischer Zenturio vor ihn und sagte, „Herr, mein Diener liegt gelähmt zu Hause und erleidet furchtbare Schmerzen".

Jesus sagte, "Ich werde kommen und ihn heilen".

Der Zenturio antwortete, „Herr, du bist ein heiliger Mann, und ich bin nur ein Soldat, nicht würdig, dass du in mein Haus kommst, so sage nur das Wort und mein Diener wird geheilt sein. Wie du habe ich Befehlsgewalt über meine Soldaten unter meinem Kommando. Wenn ich einem meiner Soldaten sage, ‚Tu dies', so tut er es. So weiß ich, du brauchst dem Geist nur zu befehlen, und es wird geschehen".

Als Jesus das hörte, wunderte er sich und sagte zu jenen, die ihm gefolgt waren, „Einen solchen Glauben habe in keinem von euch gefunden, die ihr behauptet, so spirituell zu sein!".

Jesus sagte zum Zenturio, „Gehe nach Hause, denn ich werde nach deinem Glauben heilen", und in diesem Augenblick war der Diener geheilt.

Während Jesus redete, kam der Herrscher dieser Region, kniete vor ihm nieder und sagte, "Meine Tochter ist soeben gestorben. Ich flehe dich an, komme und lege deine Hand auf sie, und ich weiß, sie wird wieder leben".

Jesus stand auf und folgte dem Regenten zusammen mit den Anhängern, und als sie beim Haus des Regenten ankamen, war dort eine Menschenmenge in der Straße, und eine Gruppe Klageweiber weinten im Haus. Er sagte zu den Klageweibern, „Geht fort, denn das Mädchen ist nicht tot, sie schläft nur."

Sie lachten, aber die Jünger schoben die Klageweiber aus dem Haus. Dann ging Jesus in das Haus, nahm die Hand des Mädchens und sagte, „ICH BIN die Auferstehung und das Leben dieses Kindes", und es stand auf.

Als sie aus dem Haus gingen, war da eine Frau auf der Straße, die zwölf Jahre lang an Blutungen gelitten hatte. Sie dachte sich, „Wenn ich nur seine Kleidung berühren könnte, würde ich gesund werden".

Sie näherte sich Jesus von hinten und berührte den Saum seiner Robe, und er drehte sich um und sagte, „Sei getröstet, meine Tochter, dein Glaube hat dich geheilt", und sie war sofort gesund. Dann begannen viele Jesus zu folgen. Wohin er auch ging, heilte er, trieb Dämonen aus, und lehrte die Menschen, wie sie sich an ihre innere Gott-Gegenwart wenden konnten, an den Himmlischen Vater, der mit den Worten ICH BIN zum Wirken aufgerufen werden konnte.

19. IHR KÖNNT NICHT ZWEI HERREN DIENEN

Einer der Jünger sagte, „Lehrer, ich werde dir überallhin folgen, aber lass mich zuerst gehen und meinen Vater beerdigen, der gerade gestorben ist".

Jesus sagte, „Folge mir, und lass die Toten von den Toten beerdigt werden. Das Leben ist zum leben da. Du kannst nicht zwei Meistern dienen, dem Geist und dem Fleisch. Entscheide heute, wem du dienen willst. Dein kleines Selbst muss alle Tage sterben; dann nimm das Kreuz des Lebens auf dich und folge der Gott-Gegenwart, die ICH BIN, denn ICH BIN der Weg, die Wahrheit und das Leben, und was ICH BIN, bist auch du"

20. DIE NATUR GEHORCHT DEM MEISTER

Er nahm einige seiner Jünger in einem Boot mit auf den See Genezareth, und nach einiger Zeit kam ein großer Sturm auf. Als die Wellen Wasser ins Boot spülten, riefen die Jünger, „Rette uns Meister, sonst ertrinken wir".

Jesus antwortete, „Oh, ihr Kleingläubigen, warum fürchtet ihr euch?"

Dann stand er auf und sagte zu dem Geist des Sturms, „ICH BIN die beruhigende Gegenwart Gottes", und beruhigte so den Wind und den See, und da war große Stille. Die Jünger schauten sich gegenseitig an und fragten sich, „Was ist das für ein Mensch, dem sogar der Wind und der See gehorchen?"

21. ICH BIN FÜR JENE HIER, DIE SICH VERIRRT HABEN

Nachdem das Boot am anderen Ufer angelegt hatte, gingen Jesus und die Jünger weiter, bis sie an einen Tisch kamen, bei dem Steuern eingezogen wurden. Jesus sah, dass einer der Steuereintreiber mit Namen Matthäus dazu bestimmt war, sein Jünger zu werden, und er sagte zu ihm, „Folge mir".

Matthäus fühlte die Liebe des Meisters, stand auf und folgte ihm. Die Jünger waren von ihrer Reise hungrig und durstig, also nahm sie Jesus mit in ein Gasthaus. Darin waren viele Menschen von lockerer Moral, und andere Steuereintreiber, von denen viele betrogen und Schmiergeld annahmen.

Die Pharisäer vom Tempel hatten sich verkleidet, damit sie Jesus ausspionieren konnten, und als sie das sahen, sagten sie zu den Jüngern, „Warum speist euer Lehrer mit diesen unmoralischen Leuten?"

Jesus hörte das mit und sagte, „Die Gesunden brauchen keinen Arzt, sondern nur die Kranken. Ich bin nicht für die Heiligen hier, sondern für die Sünder, die sich verirrt haben. Ich wünsche mir, dass jene, die mir folgen, nur Mitgefühl und Erbarmen haben, statt vorzugeben, heilig zu sein, wie ihr falschen Lehrer, die ihr euch in aller Öffentlichkeit brüstet mit eurer vorgetäuschten Spiritualität."

22. WER IST OHNE SÜNDE?

Am frühen Morgen bei Sonnenaufgang saß Jesus vor dem Tempel, und lehrte jene, die vorbeigingen und anhielten, um zuzuhören. Die Schriftgelehrten und Pharisäer schoben eine Frau zu Jesus hin und sagten, „Diese Frau wurde beim Ehebruch ertappt. Das Gesetz Moses gebietet uns, solche Frauen zu steinigen. Was meinst du, was wir tun sollen?"

Wieder versuchten sie Jesus zu verstricken, damit er dem alten Gesetz widerspreche, und sie eine gesetzliche Anklage gegen ihn anstrengen konnten; aber Jesus stand auf und sagte zu ihnen: „Lasst den unter euch, der ohne Sünde ist, den ersten Stein auf sie werfen."

Als sie das hörten, ließen sie die Steine fallen, die sie mit sich trugen, und sie gingen einer nach dem anderen fort, bis Jesus mit der Frau allein war. Er fragte sie, „Frau, wo sind deine Ankläger jetzt? Wer verdammt dich?"

Sie schaute umher, und als sie sah, dass ihre Ankläger alle fortgegangen waren, sagte sie, „Niemand, Herr."

Dann sagte Jesus, „Ich verurteile dich auch nicht. Geh, und sündige von jetzt an nicht mehr."

Er wandte sich seinen Jüngern zu und sagte, „Indem ihr diese Frau verurteilt, verurteilt ihr euch selbst. Ihr müsst Frauen als die Mutter der Schöpfung respektieren, denn alles, was es gibt, kommt aus ihnen hervor. Indem ihr sie ehrt, ehrt ihr die Mutter in euch."

23. ICH BIN DAS LICHT DER WELT

Jesus fuhr fort, zu den Leuten zu sprechen, die noch anwesend waren, und er sagte, „ICH BIN das Licht der Welt. Wer diesem Licht folgt, das ICH BIN, wird nicht im Dunkeln gehen, sondern er wird im Licht Gottes gehen."

Ein Pharisäer antwortete, „Was du sagst, ist falsch."

Jesus antwortete, „Auch wenn ich als ein Mensch rede, rede ich mit der Autorität der Wahrheit, denn ich weiß, woher ich kam und wohin ich gehe, was ihr nicht wisst. Ihr urteilt nach der Art der Welt; ich urteile über niemanden. Einzig unser Gott urteilt, der uns in die Welt schickt.

„Wo ist dieser Gott?"

Jesus antwortete, „Wenn ihr die Wahrheit wirklich kennen würdet, würdet ihr auch Gott kennen."

Sie wollten ihn festnehmen, hatten aber keine Kraft, um sich zu bewegen, denn seine Zeit war noch nicht gekommen. Als er sich erhob, um wegzugehen, sagt er, „Ich werde fortgehen, und ihr werdet mich vergeblich suchen, denn wohin ich gehe, könnt ihr mir nicht folgen. Ich bedaure euch, denn ihr werdet in Unwissenheit sterben, ohne die Wahrheit je erfahren zu haben."

Die Menge fragte sich, ob das bedeutete, dass er sich selber töten werde.

Er antwortete, „Ihr seid von unten; ICH BIN von oben. Ihr seid von dieser Welt; ICH BIN nicht von dieser Welt. Wenn ihr dieses ICH BIN nicht findet, werdet ihr sterben, ohne die Wahrheit zu kennen."

So fragten sie ihn wieder, „Wer bist du?"

Jesus sagte, „Ich habe von Anfang an versucht, euch zu sagen, wer ICH BIN".

Sie verstanden noch immer nicht, was er sagen wollte, als er sagte, dass sie eins sind mit dem Vater. So sagte Jesus, „Wenn ihr versteht, wer ICH BIN, dann werdet ihr wissen, dass ich aus mir heraus nichts tue, sondern es ist Gott im Innern, der alles tut. Ich spreche nur seine Worte, wie ich sie höre. Er ist immer in mir, und ich trachte danach, nur seinen Willen zu tun".

Obwohl sie immer noch nicht verstanden, vertrauten ihm viele. Jesus sagte zu jenen, die Glauben hatten, „Wenn ihr meinen Worten vertraut, dann seid ihr meine Jünger, und ihr werdet schließlich die Wahrheit wissen, und diese Wahrheit wird euch frei machen".

Sie antworteten, „Wir sind keine Sklaven, also warum sagst du, ‚Ihr werdet frei sein?'"

Jesus antwortete, „Jeder, der in Unwissenheit lebt, ist ein Sklave seines Irrglaubens, und er ist durch die Auswirkungen seiner selbstsüchtigen Handlungen gebunden. Diese Handlungen erzeugen Ketten, die ihn versklaven werden, entweder in diesem Leben oder im nächsten.

„Ihr trachtet danach, mich zu töten, weil ihr euch von der Wahrheit bedroht fühlt. Ihr befürchtet, dass ihr die Folgen eurer Handlungen erleiden müsst. Ich sage nur das, was ich mit meinen eigenen Augen gesehen habe, und wovon ich weiß, es ist wahr. Ihr redet nur Klatsch und Lügengeschichten, die ihr gehört habt. Wenn ihr wüsstet, dass Gott euer Vater ist, dann würdet ihr mich lieben, denn ich komme vom Vater. Ich kam nicht, weil *ich* es wollte, sondern auf Seinen Wunsch hin, der mich sandte. Warum versteht ihr nicht, was ich sage? Ich sage euch die Wahrheit, aber ihr glaubt mir nicht. Wer von euch findet mich schuldig?"

Jemand in der Menge rief: „Es gibt keinen Gott; was du Gott nennst, ist ein Dämon!"

Jesus antwortete, „Du siehst nur dich selbst, deinen eigenen Ärger, und meinst, er käme von mir. Du entehrst dich selbst. Ich suche keine Herrlichkeit, denn es gibt nur Einen, der Herrlichkeit verdient, und Er wird der Richter sein. Alle von euch kommen vor diesen Richter, manche früher als ihr glaubt.

„Wenn ihr euch jedoch in der Wahrheit übt, werdet ihr nie sterben, sondern in das Ewige Leben erwachen."

Einige riefen, „Nun wissen wir, du hast einen Dämon! Sogar die Propheten starben! Was gibst du vor zu sein, wenn du versprichst, den Tod überwinden zu können?"

Jesus antwortete, „Ich verherrliche nicht mich selbst, sondern Gott im Inneren. Ihr kennt Ihn nicht, denn wenn ihr Ihn kennen würdet, so würdet ihr wissen, dass es wahr ist, was ich sage. Wenn ich sagen sollte, dass ich Ihn nicht kenne, wäre ich ein Lügner. Ich kenne Ihn, also halte ich Sein Wort. Unser Vorfahre Abraham, der dieselbe Wahrheit kannte, freut sich, dass ich jetzt versuche, euch das zu lehren, was er euch in der Vergangenheit nicht zu verstehen geben konnte."

Die Leute riefen, „Du bist noch keine fünfzig Jahre alt, doch behauptest du, mit Abraham gesprochen zu haben?"

Jesus sagte, „Wahrlich ich habe mit Abraham gesprochen, denn ICH BIN gewesen, ehe Abraham war."

„Ich muss die Werke von jenem tun, der mich gesandt hat, solange es Tag ist, denn die Nacht wird kommen, in der kein Mensch arbeiten kann. So lange ICH in der Welt BIN, BIN ICH das Licht der Welt."

Bei diesen Worten hoben sie Steine auf, um sie auf ihn zu werfen, aber Jesus verschwand und sie konnten ihn nirgends finden.

Später an diesem Tag fanden die Jünger Jesus, wie er mit einem Mann sprach, der von Geburt an blind war. Sie fragten, „Meister, waren es seine eigenen Handlungen in einem früheren Leben, oder die Handlungen seiner Eltern, die verursachten, dass er blind geboren wurde?"

Jesus antwortete, „Keines von beidem. Dieser Mann wählte, blind geboren zu werden, damit ich in diesem Augenblick zeigen kann, ICH BIN der lebendige Christus, und dass ich als die Gott-Gegenwart die Macht habe, alle Gebrechen zu heilen."

Nachdem Jesus das gesagt hatte, spuckte er in den Schmutz auf dem Boden und machte eine Paste daraus, womit er die Augen des Mannes salbte. Dann sagte er ihm, er solle sich im Teich seine Augen waschen. Als der Mann zurückkam, konnte er dann sehen. Die Nachbarn und alle, die ihn kannten, sagten, „Ist das nicht der blinde Mann, der immer dasaß und bettelte?"

Einige sagten, „Er ist es", während andere sagten, „Nein, er ist nur jemand, der ihm ähnlich sieht."

Aber der Mann insistierte, „Ich bin der Mann".

So sagten sie zu ihm, „Wie kannst du dann jetzt sehen?"

Er antwortete, „Der Mann, der Jesus heißt, hat Schlamm auf meine Augen getan, und mir dann gesagt, ich solle den Schlamm abwaschen. Ich habe getan, was er sagte, und nun kann ich sehen".

„Wo ist er?", fragten sie, aber er wusste es nicht, denn Jesus war verschwunden.

Nun war es aber Sabbat, als Jesus den Mann heilte, und an diesem Tag irgendeine Arbeit zu verrichten, war ungesetzlich. Die Pharisäer sagten wieder, „Dieser Mann kann nicht von Gott sein, denn er hält die Gesetze des Sabbat nicht ein".

Aber andere sagten, „Wie kann ein Mann, der ein Sünder ist, solche wunderbaren Dinge tun"?

In der Menge gab es Streit, also fragten sie den Mann, der blind gewesen war, „Was sagst du, schließlich waren es deine Augen, die er öffnete?"

Er sagte, „Er ist ein Meister."

„Nein, er ist ein Sünder", sagten die Pharisäer.

Der Mann antwortete, „Ob er ein Sünder ist oder nicht, das weiß ich nicht. Aber eines weiß ich, vorher war ich blind, und nun sehe ich."

Sie sagten zu ihm, „Was hat er mit dir gemacht? Wie hat er deine Augen geöffnet?"

Er antwortete, „Ich hab es euch schon einmal gesagt; habt ihr nicht zugehört? Wollt ihr seine Jünger werden?"

Diese Worte ärgerten sie, und sie beschimpften ihn, indem sie sagten, „Du bist sein Jünger, wir aber sind Jünger Moses'. Wir wissen, dass Gott zu Moses sprach, aber was diesen Mann betrifft, so wissen wir nicht, wer er ist."

Der Mann antwortete, „Das ist erstaunlich! Er hat mich geheilt, und ihr wisst nicht, wer er ist? Niemals seit Bestehen der Welt hat jemand gehört, dass einer die Augen eines Menschen geheilt hat, der blind geboren wurde. Wenn dieser Mann nicht von Gott wäre, könnte er das nicht tun."

Sie antworteten, „Du Sünder, willst du uns belehren?" Dann trieben sie ihn weg.

Als Jesus später erfuhr, wie sie ihn behandelt hatten, ging er los, fand ihn und sagte, „Glaubst du an den Christus?"

Der Mann antwortete, „Gütiger Herr, bitte sage er mir, wer er ist!"

Jesus sagte, „Du siehst ihn vor dir."

„Oh, Meister", sagte der Mann, „Ich glaube, du bist der Christus", und er warf sich auf den Boden, und berührte die Füße Jesu.

Jesus sagte, „Dazu bin ich in die Welt gekommen, damit jene, die nicht sehen, sehen mögen, und jene, die vorgeben zu sehen, blind werden mögen."

Einige Pharisäer hörten das mit und spotteten, „Also sind wir blind?"

Jesus antwortete, „Wenn ihr blind wärt, wärt ihr nicht schuldig für eure Unwissenheit; aber da ihr seht, doch vorgebt, blind zu sein, verdammt ihr euch zur Blindheit – denn ihr habt der Wahrheit den Rücken gekehrt."

25. ICH BIN DIE OFFENE TÜR

Später sagte Jesus zu seinen Jüngern, „Die Schafe hören die Stimme ihres Hirten, und werden einem Fremden nicht folgen, dessen Stimme sie nicht kennen."

Da sie nicht verstanden, sagte er, „Es gibt viele Diebe und böse Menschen, aber meine Schafe hören nicht auf sie, denn sie wissen, ICH BIN die offene Tür. Wenn irgendjemand durch mich eintritt, wird er gerettet werden, und er wird die Weiden des Herrn betreten. Der Dieb kommt, um zu stehlen, zu töten, und zu zerstören. Ich bin gekommen, damit alle leben können, und ein reicheres Leben haben mögen. ICH BIN der gute Hirte, der für seine Schafe sein Leben hingibt. Ich kenne die Meinigen und die Meinigen kennen mich, ebenso wie mein Gott-Selbst mich kennt, und ich mein Gott-Selbst kenne. Ich werde für meine Schafe mein Leben hingeben. Ich habe noch andere Schafe, die nicht zu dieser Herde gehören, die ich auch versammeln muss. Sie werden meine Stimme hören, und mich erkennen. Dann gibt es eine Herde und einen Hirten. Weil ich meinen Vater liebe, werde ich mein Leben für meine Schafe hingeben, und es dann wieder beginnen. Niemand nimmt mir mein Leben, sondern ich gebe es freiwillig hin auf Bitten meines Vaters."

Wieder baten viele in der Menge, „Wenn du der Christus bist, der Gesalbte, sag es uns doch einfach."

Jesus antwortete ihnen, „Ich hab es euch gesagt, und ihr habt es nicht geglaubt. Die Werke, die ich tue, sind meine Zeugen, aber ihr glaubt immer noch nicht. Ihr glaubt nicht, weil ihr nicht meine Herde seid. Meine Herde hört meine Stimme und folgt mir."

Viele hoben Steine auf, um sie auf ihn zu werfen, und er sagte, „Ich habe euch viele gute Werke gezeigt; für welche von diesen wollt ihr mich steinigen?"

Sie antworteten ihm, „Nicht wegen deiner Werke werden wir dich steinigen, sondern für die Gotteslästerung, weil du behauptest, mit Gott eins zu sein."

Jesus antwortete ihnen, „Steht es nicht im alten Gesetz, ‚Ihr seid Götter'? Wenn euer Vorfahre, der Prophet Abraham, zu seinen Gefolgsleuten sagte, sie seien Götter, warum sagt ihr, dass ich Gott lästere, wenn ich sage, ‚ICH BIN Gott'? Wenn ich nicht Werke Gottes tue, dann glaubt mir nicht – aber ICH BIN es, der sie tut – also begreift, ICH BIN die Gegenwart Gottes – der Lebendige Christus."

Dann bemühten sie sich, ihn festzunehmen, aber wieder verschwand er vor ihren Augen.

26. Die Pharisäer verbreiten unwahre Geschichten

Jesus heilte weiterhin die Kranken, wohin auch immer er ging, und erregte den Zorn der Priester. Sie befürchteten, die Kontrolle über das Volk zu verlieren, wie auch den Verlust von Einkünften, wenn zu viele Leute anfingen, ihm zu folgen, und so verschworen sie sich gegen ihn. Sie verbreiteten unwahre Geschichten, und behaupteten, dass er der König von Dämonen sei, da er sie veranlassen konnte, Menschen zu verlassen.

Als Jesus hörte, was die Priester sagten, trat er ihnen mit einem Gleichnis entgegen, „Ein Königreich, das in sich gespalten ist, kann nicht bestehen. Wenn ein Dämon Dämonen austreibt, ist er in sich gespalten. Wie soll dann sein Königreich bestehen? Wie treibt ihr Priester Dämonen aus?"

Da die Priester keine Dämonen austreiben oder Kranke heilen konnten, waren sie beschämt. Jesus sagt zu ihnen, „Ich tue meine Werke nicht durch Dämonen, sondern durch den Geist Gottes. Dieser Geist ist zu euch gekommen, und ihr kehrt ihm den Rücken zu. Wenn ihr nicht für den Geist seid, dann seid ihr gegen ihn. Jede Sünde kann vergeben werden, außer jene gegen den Geist. Wenn ihr gegen mich sprecht, vergebe ich euch; aber wenn ihr gegen den Heiligen Geist sprecht, wird das in diesem und vielen zukünftigen Leben nicht vergeben werden, denn dieser Geist ist das Licht des Lebens."

Dann wendete er sich an die Pharisäer, „Ihr Schlangenbrut! Ihr gebt vor, gute Worte zu sprechen, doch seid ihr böse. Am Tag des Gerichts muss sich jeder Mensch für jedes seiner Worte rechtfertigen, das er gesprochen hat. Die Guten werden durch ihre eigenen Worte für gut befunden; aber eure Worte werden euch verdammen."

Einige der Pharisäer antworteten, indem sie sagten, „Wenn du willst, dass wir glauben, liefere uns einen Beweis, dass du der bist, der du sagst, dass du bist."

Er antwortete, „Dies ist eine böse und materialistische Generation, die gegenüber dem Geist blind ist, und immer nach einem Beweis sucht, daher liefere ich keinen. Am Tag des Gerichts werden die meisten Menschen dieser Generation verdammt werden. Wenn ein böser Geist aus einer Person ausgetrieben wird, reist er weit herum, um sich ein neues Heim zu suchen, aber wenn er keines findet, denkt er, ,Ich werde zu der Person zurückkehren, von der ich kam', und bringt sieben weitere Geister mit, die böser sind als er selbst. Wenn diese Person während der Abwesenheit des bösen Geistes das Licht nicht angenommen hat, wird sie schlimmer dran sein als vorher. So wird es den Bösen dieser Generation ergehen."

27. WER IST MEINE FAMILIE?

Während Jesus immer noch zu den Menschen sprach, baten seine Mutter, seine Brüder und Schwestern, die draußen standen, ihn zu sprechen. Aber er sagte zu dem Mann, der ihm die Nachricht brachte, „Wer ist meine Mutter, und wer sind meine Brüder und Schwestern?"

Er streckte seine Hand aus zu den Jüngern, und sagte, „Ihr seid meine Mütter und Väter, Brüder und Schwestern! Wer immer den Willen meines Vaters im Himmel tut, ist meine Familie."

28. Welche Saat wird wachsen?

Später an diesem Tag ging Jesus aus dem Haus und saß am See. Es versammelte sich eine große Menschenmenge um ihn, und so stieg er in ein Boot, bewegte sich vom Ufer weg, und die Menge stand am Strand und hörte zu. Er lehrte sie und sprach, „Ein Bauer ging hinaus, um Korn zu säen. Beim Säen fielen einige Samenkörner auf den Weg, Vögel kamen und fraßen sie auf. Andere Samenkörner fielen auf Gestein und keimten sofort; aber da sie kein Erdreich hatten, verkümmerten sie, als die Sonne aufging. Andere Samenkörner fielen zwischen Dornen, und die Dornen wuchsen und erstickten sie. Aber andere Samenkörner fielen in gutes Erdreich und brachten eine reiche Getreideernte hervor. So sind auch meine Worte wie das Samenkorn. Wenn ihr Ohren habt, die hören können, dann werdet ihr verstehen."

29. GUTE UND SCHLECHTE SAAT WÄCHST GEMEINSAM

„Warum sprichst du in Gleichnissen?" fragte einer der Jünger.

Jesus antwortete, „Ihr versteht die inneren Geheimnisse, viele aber nicht. Jenen, die die Wahrheit verstehen und sie anwenden, wird größeres Verstehen gegeben werden; aber jenen, die diese Lehren nicht anwenden, wird sogar ihr geringes Verständnis entschwinden. Deshalb rede ich in Gleichnissen, denn nicht jeder ist bereit für die ganze Wahrheit. Wenn sie schauen, sehen sie nichts, wenn sie hören, hören sie nichts, noch begreifen sie. Die Herzen der Menschen sind abgestumpft, und ihre Ohren können kaum hören, und ihre Augen sehen nicht. Wenn sie wenigstens mit ihren Herzen verstehen könnten, dann könnte ich sie heilen und sie zum Licht führen. Ihr seid gesegnet, denn eure Augen sehen, und eure Ohren hören, und eure Herzen sind offen; also versteht ihr – und verwendet euer Verstehen, um anderen zu helfen."

„So arbeitet Gott mit dem Menschen: Ein Bauer säte Weizensamen in sein Feld, aber während der Nacht, als er schlief, kam sein

Feind und säte Unkraut zwischen den Weizen. Als dann die Pflanzen wuchsen, erschien auch das Unkraut. Die Knechte kamen zum Haus und fragten, ‚Meister, du hast gute Saat gesät, warum ist da nun so viel Unkraut?'

„Er sagte, ‚Das muss ein Feind getan haben.'"

„Also fragten die Knechte, ‚Willst du nun, dass wir das Unkraut ausreißen?'"

„Er sagte, ‚Nein, denn es ist schwierig, die guten Keimlinge von den schlechten zu unterscheiden, wenn ihr also versucht, das Unkraut zu jäten, so reißt ihr mit ihm vielleicht auch den Weizen heraus. Lasst beides bis zur Ernte heranwachsen, dann zieht das Unkraut zuerst und verbrennt es; dann erst erntet den Weizen und bringt ihn zur Scheune.'

„Das Unkraut sind die bösen Menschen, die neben den guten heranwachsen, und sie können zuerst nicht auseinander gehalten werden; aber am Tag des Jüngsten Gerichts, wenn alles offenbart wird, wird das Unkraut, das die Arbeiter des Bösen sind, in den Feuerofen geworfen werden. Die Ernte wird am Ende des Zeitalters kommen, wenn Gott seine Engel schickt, um alle die Übeltäter zu versammeln, und sie zu diesem Feuerofen zu schicken, wo es viel Betrübnis und Jammern geben wird. Dann werden die Gerechten leuchten wie die Sonne im Königreich des Vaters. Wer Ohren hat, der höre."

30. Das Königreich des Himmels

Er erzählte ein weiteres Gleichnis, „Das Königreich im Himmel ist wie ein winziges Senfkorn, das zum größten aller Büsche heranwächst. Mit anderen Worten, das Licht in euch kann man zuerst nicht sehen und es geht leicht verloren, aber indem ihr diese Saat hegt und pflegt, wird sie heranwachsen, und ihr Licht wird sich ausdehnen und euer ganzes Wesen und Leben erfüllen.

„Das Königreich des Himmels ist auch wie eine schöne seltene Perle, die so kostbar ist, dass ein weiser Mann, nachdem er sie gesehen hatte, alles, was er hatte, verkaufte, damit er sie kaufen konnte."

31. EIN PROPHET GILT NICHTS IM EIGENEN LAND

Nachdem Jesus seine Rede beendet hatte, fragt er, „Habt Ihr alle diese Dinge verstanden?"

Sie sagten „Ja".

„Dann werde ich für eine Weile nach Hause gehen", sagte er.

Als er in seinem Heimatort ankam, lehrte er im örtlichen Tempel. Seine Nachbarn jedoch, die ihn von Kindheit an kannten, waren verwundert und sagten, „Woher hat er diese Weisheit bekommen? Hat er wirklich all die erstaunlichen Dinge getan, von denen wir die Leute sprechen hören? Ist das nicht der Sohn von Joseph, dem Zimmermann? Heißt seine Mutter nicht Maria? Kennen wir nicht auch all seine Brüder und Schwestern? Wo hat er dann das alles gelernt?"

Die Leute nahmen es ihm übel, und sagten ihm, er solle aufhören, vorzugeben, jemand Besonderer zu sein, und er solle sich benehmen wie jeder andere. Jesus sagte, „Ein Prophet wird überall geehrt, nur nicht von seiner Familie und in seinem eigenen Heimatort".

Wegen ihres Unglaubens unterließ er es, Kranke zu heilen oder weiterhin zu lehren, während der Zeit in seinem Heimatort.

32. Viele Führer sind blind

Später ging Jesus mit seinen Jüngern in die Stadt Genezareth am See Genezareth. Die Leute dort hatten von ihm gehört, und entsandten Boten in die benachbarten Gebiete, damit alle Kranken geheilt werden könnten, und alle die er berührte, wurden gesund.

Während sie am Abend speisten, fragten einige Pharisäer aus Jerusalem Jesus, „Warum brechen deine Jünger mit unserer Tradition, indem sie sich vor dem Essen nicht die Hände waschen?"

Er antwortete ihnen mit einer Frage, „Warum brecht ihr das Gebot, Vater und Mutter zu ehren?"

Dann rief er die Leute zu sich und sagte, „Hört und versteht; nicht das verdirbt euch, was in euren Mund hineingeht, sondern die Worte, die aus eurem Mund herauskommen."

Als ihm die Jünger sagten, seine Anmerkungen hätten die Pharisäer beleidigt, sagte er, „Lasst sie in Ruhe, denn sie sind blinde Führer. Wenn die Blinden Blinde führen, fallen sie beide in eine Grube."

Der Jünger Petrus bat, „Meister, erkläre uns dieses Gleichnis."

Jesus sagte, „Du warst so lange bei mir, und verstehst noch immer nicht? Siehst du nicht, dass alles, was du in deinen Mund tust, den Magen passiert und ausgeworfen wird? Aber was aus dem Mund herauskommt, das kommt vom Verstand, und das entehrt eine Person, denn vom Verstand kommen die Gedanken der Wut, Lust, Begierde, Überheblichkeit und Eifersucht. Diese Gifte entehren eine Person. Aber mit ungewaschenen Händen zu speisen, entehrt niemanden."

33. Der verlorene Sohn

Jesus erzählte dann die Geschichte von dem Mann, der zwei Söhne hatte. „Der Jüngere bat, ‚Vater, gib mir meinen Teil deines Vermögens, das ich nach deinem Tod erben werde'. So teilte der Vater sein Geld, und gab die Hälfte dem jüngeren Sohn. Bald packte der junge Mann seine Sachen und reiste in ein fernes Land, wo er alles, was er besaß, durch leichtfertige Lebensweise verschwendete. Als er seinen letzten Pfennig ausgegeben hatte und mittellos war, bekam er Arbeit bei einem Bauern, der ihn aufs Feld schickte, um seine Schweine zu hüten. Da er für sich selbst kein Essen bekam, aß er die gleiche Nahrung wie die Schweine. Dann erwachte er eines Tages und erkannte, ‚Alle angestellten Diener meines Vaters haben mehr als genug Nahrung, ich aber komme hier vor Hunger um! Ich werde nach Hause zu meinem Vater gehen und sagen, ‚Vater, ich habe mich nicht nur gegen den Himmel versündigt, sondern auch gegen dich. Ich bin es nicht mehr wert, dein Sohn zu sein, aber stelle mich wenigstens als einen deiner Diener ein'. So reiste er zurück in sein Heimatland und besuchte seinen Vater. Während er noch ein ganzes Stück weit entfernt war, sah ihn sein Vater kommen, lief ihm entgegen und nahm ihn in seine Arme.

„Dann sagte der Sohn, ‚Vater, ich habe gesündigt, ich bin es nicht mehr wert, dein Sohn genannt zu werden.

„Aber der Vater sagte zu seinen Dienern, ‚Bringt meine beste Kleidung und legt sie ihm an, und steckt einen Ring an seinen Finger, und Schuhe an seine Füße. Dann schlachtet das gemästete Kalb und lasst uns essen und feiern, denn dieser Sohn, der tot war, ist nun lebendig. Er war verloren, und wurde nun gefunden'. Und sie begannen zu feiern.

„Der ältere Sohn arbeitete mittlerweile auf dem Feld, und als er in die Nähe des Hauses kam, hörte er Musik und Tanz, und er rief einen der Diener und fragte ihn, was hier los sei. Der Diener sagte, ‚Dein Bruder ist nach Hause gekommen, und dein Vater ist so froh, ihn wohlbehalten zurückzuhaben, dass er zur Feier ein Festessen gibt'.

„Aber der ältere Sohn war verärgert, und weigerte sich, ins Haus zu gehen. Sein Vater kam heraus und bat ihn, doch hereinzukommen und am Festmahl teilzunehmen, aber der ältere Sohn antwortete, ‚Vater, ich habe dir so viele Jahre gedient, und nie auch nur einen Wunsch missachtet, doch du hast mir noch nicht einmal eine Ziege geschenkt, damit ich meinen Freunden ein Festmahl geben konnte. Aber jetzt, da dieser verschwenderische Sohn von dir heimkommt, nachdem er das Geld ausgegeben hat, das du ihm gegeben hast, für ein wildes ungezügeltes Leben, Spielen und leichte Mädchen, schlachtest du das gemästete Kalb für ihn!'

„Sein Vater antwortete, ‚Sohn, du bist immer bei mir, und alles, was mein ist, ist dein, aber ich möchte feiern, denn dein Bruder, der für mich tot war, ist nun am Leben; er war verloren und ist nun gefunden.'“

Jesus erklärte diese Geschichte, indem er sagte, dass Gott der Vater ist, und der jüngere Sohn die Menschen repräsentiert, die vom Weg abgekommen sind. Wenn die auf Abwege geratenen schließlich ihre Fehler erkennen und das Licht suchen, kehren sie heim zu ihrem Vater. Sie werden nun mehr geliebt wegen ihrer Weisheit und ihrem Mitgefühl, die sie durch ihr Leiden erlangt haben. Sie würden Gnade nie schätzen, bis sie es verloren haben.

Später gingen Jesus und seine Jünger in die Gegend von Caesarea Philippi, und als sie dort rasteten, fragte er sie, „Was sagen die Leute, wer ich bin?"

Sie antworteten, „Einige sagen Elias, und andere Jeremia, oder einer der alten Propheten, der wiedergeboren wurde."

„Aber was sagt ihr, wer ich bin?"

„Du bist ein Messias, ein Sohn des Lebendigen Gottes", sagte Petrus.

„Gesegnet bist du, Petrus!", antwortete Jesus, „Fleisch und Blut haben das nicht offenbart, sondern der Heilige Geist. Ich sage dir, du bist der Fels, auf den ich meine Kirche bauen werde, und die Hölle soll sie nicht besiegen. Ich werde dir den Schlüssel zum Königreich des Himmels geben, und was du auf der Erde gebietest, soll im Himmel geboten sein, und was immer du im Himmel gebietest, soll auf der Erde erschaffen sein, das heißt, dass deine Gedanken, Worte und Energie den Himmel auf die Erde bringen können."

Dann sagte er seinen Jüngern, sie sollten niemandem sagen, dass er der Messias sei, von Gott für diese Mission erwählt, denn er wusste, dass die Priester auf ihn eifersüchtig waren und sich gegen ihn verschworen.

35. WER SEIN LEBEN RETTEN WILL, MUSS ES ZUERST VERLIEREN

Jesus begann seinen Jüngern zu erzählen, dass er dazu bestimmt war, nach Jerusalem zu gehen, viel zu erleiden durch die Priester und Schriftgelehrten, getötet zu werden, und am dritten Tag wieder aufzuerstehen. Als Petrus das hörte, widersprach er Jesus und sagte, „Das ist nicht möglich; du bist ein Meister; nichts Böses kann dir geschehen".

Jesus wandte sich Petrus zu und sagte, „Sei still. Das ist dein niederes Selbst, das hier spricht, welches das menschliche Denken über den Willen Gottes setzt.

„Wenn du ein Christus werden willst, musst du dein niederes Selbst leugnen, dein Kreuz aufnehmen, und der Gott-Gegenwart folgen, welche ICH BIN. Wer sich erretten will, muss sich zuerst preisgeben, und wer sich preisgibt, wird mit der Gott-Gegenwart eins werden. Was gewinnt ein Mensch, wenn er die ganze Welt gewinnt, doch seine Seele verliert? Nur durch Preisgabe des endlichen Denkens, könnt ihr das zeitlose Bewusstsein erlangen, das jenseits von Zeit und Raum ist."

36. VERWANDLUNG JESU

Sechs Tage später nahm Jesus Petrus, Jakobus und Johannes mit auf einen hohen Berg. Jesus entfernte sich ein kleines Stück, um in die Stille zu gehen und mit dem Vater zu kommunizieren. Als ihm die Jünger zuschauten, begann sein Gesicht zu leuchten, und sein ganzes Wesen wurde vom Licht verklärt. Dann erschienen Engelwesen, die von den Jüngern als Moses und Elias erkannt wurden, und die sich mit Jesus zu unterhalten schienen. Eine helle runde Wolke am Himmel überschattete den Gipfel des Berges, und die Jünger hörten eine Stimme sagen, „Dies ist mein geliebter Sohn, der mich sehr erfreut. Hört gut auf ihn."

Die Jünger waren verängstigt, und warfen sich auf den Boden, um sich zu verbergen, dann hob Jesus hob Hand und sagte, „Steht auf und fürchtet euch nicht."

Als sie sich aufsetzten und ihren Blick nach oben wandten, sahen sie, dass die Wolke verschwunden war, wie auch Elias und Moses, und sie waren mit dem Meister wieder allein. Als sie später vom Berg abstiegen, sagte Jesus, „Erzählt niemandem, was ihr heute gesehen habt, bis ich aufgestiegen bin."

Nahe am Fuße des Berges fragte einer der Jünger, „Warum sagen die Schriftgelehrten, dass du dich irrst, dass Elias zuerst kommen muss, vor dem Christus?"

Jesus antwortete, „Johannes der Täufer war der wiedergekommene Elias, aber sie haben ihn nicht erkannt. Sie trieben mit ihm, was sie wollten. Da sie auch mich nicht erkennen, werde ich genauso durch ihre Hände leiden."

37. Habt Vertrauen

Als sie am Fuß des Berges ankamen, kam ein Mann auf Jesus zu, kniete sich vor ihm hin, und sagte, „Herr, erbarme dich meines Sohnes; er hat Anfälle und erleidet große Schmerzen. Er fällt oft in das Feuer und auch in das Wasser. Ich brachte ihn vorher zu deinen Jüngern, aber sie konnten ihn nicht heilen."

Jesus rief aus, „Was für ein glaubensloses und verdorbenes Geschlecht ist das, das sich mit Dämonen zusammentut! Bring den Jungen hierher."

Jesus tadelte den Dämon und er kam heraus, und der Junge war geheilt. Dann waren die Jünger neugierig, und fragten Jesus, „Warum konnten wir den Dämon nicht austreiben?"

„Weil ihr noch nicht genug Kraft im Licht angesammelt habt", sagte er. „Entwickelt eure innere Verbindung mit dem Vater. Dann könnt ihr das Licht herbeirufen, und zu diesem Berg sagen, ‚Bewege dich von da nach dort', und er wird sich bewegen; nichts ist unmöglich."

38. Werdet wie Kinder

Als sie sich in Galiläa versammelten, sprach Jesus von seiner bevorstehenden Festnahme durch die Priester, „Ich stehe kurz davor, in die Hände von Männern ausgeliefert zu werden, die mich töten werden, aber am dritten Tag werde ich von den Toten auferstehen."

Über diese Nachricht waren die Jünger sehr bekümmert, aber um zu verdrängen, was er gesagt hatte, fingen sie an zu streiten, wer Gott am nächsten war. Um den Streit zu schlichten, fragten sie Jesus.

Er rief ein Kind zu sich, und sagte, „Dieses Kind ist Gott am nächsten. Ihr müsst wie ein Kind werden, um in das Himmlische Königreich zu kommen. Wer immer in meinem Namen ein Kind aufnimmt, nimmt mich auf."

Viele Leute brachten dann ihre Kinder zu Jesus, damit er sie segne, aber die Jünger versuchten, sie fernzuhalten, um ihn nicht zu stören. Als Jesus sah, was vor sich ging, sagte er, „Lasst die kleinen Kinder zu mir kommen, denn solchen Unschuldigen, die ohne Sünde sind, gehört das Himmlische Königreich."

39. Der reiche Mann

Nachdem er seine Hände auf alle gelegt hatte, stand er auf, um zu gehen; aber ein reicher junger Mann in prächtigen Kleidern kam und fragte ihn, „Meister, was muss ich tun, um das ewige Leben zu haben?"

Jesus sagte ihm schlicht, „Halte die Gebote ein."

„Welche?", fragte der reiche Mann.

„Morde nicht, stehle nicht, lüge nicht, begehre nicht, was einem anderen gehört, begehe keinen Ehebruch; ehre auch deinen Vater und deine Mutter, und liebe deinen Nächsten wie dich selbst."

„Ich befolge alle diese Gebote, Meister; also, was soll ich außerdem tun?"

Jesus sagte zu ihm, „Wenn du wahrhaftig in das Himmlische Königreich kommen willst, verkaufe all deinen Besitz und schenk das Geld den Armen; dann geh mit mir."

Als der junge Mann das hörte, ging er mit Kummer im Herzen fort, denn er hatte sehr viele Besitztümer, die er nicht verlieren wollte.

Jesus sagte zu seinen Jüngern, „Es ist für ein Kamel einfacher, durch ein Nadelöhr zu kommen, als für eine Person, die Reichtümern anhaftet, in das Himmlische Königreich zu gelangen."

Meister, wir haben alles zurückgelassen, um dir zu folgen", sagte Petrus, „Was können wir im Himmel erwarten?"

Jesus antwortete, „Wenn ich auf dem Thron inmitten meines Königreiches sitze, wird jeder von euch, der meine Lehren angewendet hat, auf einem Thron inmitten seines eigenen Königreichs sitzen, denn der Zugang zu diesem Königreich ist in euch.

„Jeder, der irdisches Streben und irdische Bindungen losgelassen hat, um des Geistes Willen, wird dieses Königreich erben, und ewiges Leben haben. Aber viele, die nun die Ersten sind, werden die Letzten sein, und die Letzten werden die Ersten sein."

40. Wer wird im Himmel Erster sein?

Da die Jünger das nicht verstanden, erzählte Jesus ein Gleichnis, „Gott ist wie der Besitzer eines Weinberges, der früh am Morgen auszog, um Arbeiter einzustellen, seine Trauben zu ernten. Die Arbeiter waren einverstanden, die Ernte für einen Dinar* einzubringen, und er schickte sie dann zum Weinberg. Um etwa drei Uhr ging er in die Stadt, wo er Männer ohne Beschäftigung stehen sah, und er sagte, 'Ich werde euch bezahlen, wenn ihr mir bei der Ernte helft'.

„Sie gingen also zu seinem Weinberg hinaus. Um sechs und um neun Uhr, als die Arbeit immer noch nicht getan war, stellte er noch mehr Arbeiter ein. Sogar um elf Uhr, als er weitere Beschäftigungslose sah, stellte er auch diese ein. Um Mitternacht schließlich, als alle Trauben geerntet waren, sagte er zu seinem Vorarbeiter, 'Rufe die Arbeiter und bezahle ihnen ihren Lohn, beginnend mit dem zuletzt Eingestellten, bis hin zum ersten heute Morgen Eingestellten.' Als jene, die er zuletzt eingestellt hatte, jeweils einen Dinar

---

* Römische Münze, die den Tageslohn eines Arbeiters ausmachte.

erhielten, erwarteten jene, die er am Morgen als erste eingestellt hatte, mehr, aber auch sie erhielten den Dinar, der ihnen versprochen worden war. Als sie ihre Bezahlung empfingen, fühlten sie sich ausgebeutet, murrten über den Meister des Hauses, und sagten, ‚Es ist nicht gerecht! Diese Letzten haben nur eine Stunde gearbeitet, und du hast sie uns gleichgestellt, die wir den ganzen Tag in der Gluthitze gearbeitet haben!'

„Aber der Meister antwortete, ‚Freunde, ich tue euch kein Unrecht. Habt ihr mir nicht zugestimmt, für einen Dinar den ganzen Tag zu arbeiten? Nehmt, was euch gehört und geht. Ich habe mich entschieden, diesen letzten Arbeitern das Gleiche zu geben wie euch, denn ist es mir nicht erlaubt, mit meinem eigenen Geld zu tun, was ich will? Oder missgönnt ihr mir meine Großzügigkeit?'

„Das ist es also, was ich meine, wenn ich sage, die Letzten werden die Ersten sein, und die Ersten werden die Letzten sein, die das Himmlische Königreich betreten. Unterstellt nicht, ihr seid spiritueller, oder mehr des Segens wert als jemand anderer, nur weil ihr länger auf dem spirituellen Pfad gewesen seid. Sie mögen der Gnade Gottes würdiger sein als ihr, die ihr euch berechtigt fühlt, und so stolz seid auf eure spirituelle Errungenschaft."

41. SOLLEN WIR STEUERN BEZAHLEN?

Da die Pharisäer weiterhin ausheckten, wie sie Jesus in seine eigenen Worte verstricken konnten, damit sie ihn als einen Unruhestifter gegen das römische Recht vor Gericht bringen könnten, schickten sie weitere Spione, um ihm verfängliche Fragen zu stellen. Einer von ihnen fragte, „Sollen wir an Cäsar Steuern zahlen, oder nicht?"

Jesus spürte ihre hinterhältige Absicht und sagte, „Ihr wollt mich also in eine Falle locken? Zeigt mir eine Münze."

Als sie ihm einen Dinar brachten, fragte sie Jesus, „Wessen Abbild ist auf der Münze?"

„Cäsars Abbild", sagten sie.

„Dann gebt Cäsar, was für ihn bestimmt ist, und gebt Gott, was für Gott bestimmt ist."

Als die Pharisäer die Worte hörten, staunten sie über seine Weisheit, und einige von ihnen gingen fort.

42. Die zwei grössten Gebote

Einer der verbliebenen Pharisäer fragte, „Lehrer, was ist das größte aller Gebote?"

Jesus antwortete, „Du sollst den Herrn, deinen Gott, lieben, von ganzem Herzen, mit deiner ganzen Seele und mit all deinem Verstand. Das ist das größte Gebot; und das Zweite ist, deinen Nächsten zu lieben wie dich selbst. Auf diesen zwei Geboten basiert meine ganze spirituelle Lehre."

43. Nur Gott ist euer Vater

Dann sagte Jesus zur Menge und zu den Jüngern, „Die Schriftgelehrten und Pharisäer sitzen auf dem Thron von Moses, also hört zu, was sie sagen, aber nehmt euch kein Beispiel an dem, was sie tun. Sie predigen zwar, tun aber nicht, was sie predigen. Sie laden schwere Bürden auf die Schultern der Menschen, sie selbst aber sind nicht willens, einen Finger zu krümmen. Sie tun alles, um von anderen gesehen zu werden. Sie lieben den Ehrenplatz bei Festessen, und die besten Plätze im Tempel. Sie lieben es, spirituelle Lehrer genannt zu werden, aber ihr habt nur einen Lehrer, Gott. Vor Gott seid ihr alle Brüder und Schwestern. Nennt keinen Menschen auf der Erde euren Vater, denn ihr habt nur den einen Vater, und Er ist im Himmel. Der Größte unter euch wird der Niedrigste sein. Wer hochmütig ist und sich selbst erhöht, wird gedemütigt werden, und wer sich selbst demütigt, wird erhöht werden.

„Wehe euch, ihr Schriftgelehrten und Pharisäer, denn ihr seid Heuchler! Ihr werft den Menschen die Tür zum Himmlischen Königreich vor der Nase zu. Weder geht ihr selbst durch die Tür, noch erlaubt ihr anderen hindurchzugehen. Wehe euch, denn ihr putzt den Kelch nur von außen, aber innen belasst ihr den Schmutz der Habsucht und des Geizes. Fangt an, die Innenseite eures Kelches zu reinigen, und die Außenseite wird schließlich auch sauber werden. Ihr seid wie weißgetünchte Grabmäler, die nach außen hin rein erscheinen, innen aber voller verwesender Körper sind. Nach außen hin erscheint ihr gerecht, aber im Inneren seid ihr voller Heuchelei. Gott sandte euch Propheten und weise Männer, euch zu lehren, aber ihr habt sie getötet."

44. Hütet euch vor falschen Propheten

Jesus verließ den Tempel und ging fort, aber seine Jünger zogen ihn zur Seite, um ihm das prachtvolle Äußere des Tempels zu zeigen.

„Seht ihr all die Steinblöcke, aus denen der Tempel gebaut ist?", sagte er. „Es wird kein einziger Stein auf dem anderen liegen bleiben, der nicht niedergeworfen wird."

Jesus ging zum Ölberg, um zu meditieren, aber seine Jünger spürten ihn auf, und fragten, „Wann werden die Dinge geschehen, von denen du sprichst? Was wird das Zeichen des Endes des Zeitalters sein?"

Jesus antwortete, „Seht zu, dass euch niemand vom rechten Weg abbringt, denn es werden viele in meinem Namen kommen, und sagen, ‚Ich bin der Christus', oder, ‚Ich habe eine Botschaft von dem Christus', und sie werden viele vom rechten Weg abbringen. Ihr werdet von Kriegen hören, und von Kriegsgerüchten, aber seid nicht beunruhigt, denn das ist noch nicht das Ende. Ein Volk wird sich gegen das andere erheben, und Königreich gegen Königreich, und es wird

Hungersnöte und Erdbeben geben an verschiedenen Orten. All dies sind nur die einsetzenden Geburtswehen. Dann werden sie euch der Trübsal ausliefern und euch töten, und ihr werdet von allen Völkern wegen eures Lichts und eurer Weisheit gehasst werden. Dann werden viele abfallen und einander verraten und einander hassen. Dann werden viele falsche Propheten kommen und viele in die Irre führen. Gesetzlosigkeit wird zunehmen und die Liebe vieler wird erkalten. Aber jener, der bis zum Ende durchhält, wird gerettet werden. Dann wird das Himmlische Königreich ausgerufen in der ganzen Welt, als ein Zeugnis für alle Völker, und dann wird das Ende kommen."

45. Die große Trübsal

Sie fragten, „Wann genau wird das geschehen?"

Jesus antwortete, „Wenn ihr die Abscheulichkeit der Verwüstung seht, von der der Prophet Daniel sprach, als er am heiligen Ort stand – das ist, wenn Jerusalem von feindlichen Armeen umgeben sein wird – dann flieht in die Berge. Lasst jenen, der auf dem Hausdach ist, nicht hinuntergehen und mitnehmen, was in seinem Haus ist, und jenen, der im Feld ist, nicht zurückgehen und seinen Mantel holen. Es wird eine so große Trübsal geben, wie es seit dem Anfang dieser Welt bis jetzt keine gegeben hat – nein, noch wird es je wieder eine derartige geben. Wenn diese Tage nicht abgekürzt werden, wird kein Mensch überleben. Aber der Erwählten wegen, werden diese Tage abgekürzt werden. Wenn euch dann irgendjemand sagt, ‚Schau, hier ist der Christus!', oder ‚Da ist er!', glaubt es nicht. Falsche Christusse und falsche Propheten werden auftauchen und große Zeichen und Wunder vorführen, und viele erstaunliche Botschaften geben, um damit Menschen vom rechten Weg abzubringen, wenn möglich auch die Erwählten.

„Das Königreich Gottes kommt nicht auf eine Weise, die im Äußeren wahrgenommen werden kann, wo ihr sagen könntet, ‚Schau, da ist es!', denn das Reich Gottes ist in euch.

„Auch, wenn sie sagen werden, ‚Schau, hier!', oder ‚Schau dort!' Geht nicht hinaus, folgt ihnen nicht, denn wenn die Blitze zucken und den Himmel von einer Seite zur anderen erhellen, dann wird der Menschensohn in den Wolken des Himmels kommen. Aber zuerst muss er leiden und von dieser Generation abgelehnt werden. Ebenso wie zu Zeiten Noahs wird es in den zukünftigen Tagen sein. Damals aßen, tranken und heirateten sie, bis zu dem Tag, als Noah die Arche betrat, und die Flut kam und sie alle vernichtete. Ähnlich war es zu den Tagen Lots – sie aßen, tranken, trieben Unzucht, machten Geschäfte, pflanzten und bauten, aber an dem Tag, als Lot die Stadt Sodom aufgab, regneten Feuer und Schwefel vom Himmel, und vernichteten sie alle – so wird es am Tag der Offenbarung sein.

„Sofort nach der Trübsal dieser Tage wird sich die Sonne verdunkeln, und der Mond wird sein Licht nicht abgeben, und die Sterne werden vom Himmel fallen, und die Himmelsmächte erschüttert werden, und alle Völker der Erde werden trauern. Dann wird am Himmel in den Wolken der Menschensohn erscheinen mit großer Macht und Herrlichkeit. Und er wird seine Engel voranschicken mit einer lauten Posaune, und sie werden seine Erwählten von den Enden der Welt versammeln.

„Vom Feigenbaum lernt diese Lektion: Sobald seine Zweige weich werden und Sprossen treiben, wisst ihr, der Sommer ist nahe. So auch, wenn ihr all diese Dinge seht, werdet ihr wissen, das Ende ist nahe, ja es steht vor der Tür. Wahrlich, ich sage euch, dieses Zeitalter wird nicht vorübergehen, ehe alle diese Dinge geschehen. Himmel und Erde werden vergehen, aber die Wahrheit meiner Worte wird nicht vergehen.

„Zwei Männer werden auf dem Feld sein; einer wird genommen werden, und einer zurückgelassen. Zwei Frauen werden bei der Mühle Mehl malen; eine wird genommen werden, eine zurückgelassen. Daher wacht auf, denn ihr wisst nicht, an welchem Tag der Herr kommen wird. Aber wisset, hätte der Hausherr gewusst, zu welcher Zeit des Nachts der Dieb kommt, wäre er aufgeblieben, und hätte nicht in sein Haus einbrechen lassen. Daher müsst ihr auch bereit sein, denn der Menschensohn kommt zu einer Stunde, die ihr nicht erwartet.

„Beobachtet euren Geist, damit er nicht niedergedrückt werde von Täuschung, politischen Machenschaften, Trunkenheit und Drogen, Begierden, und Lebensängsten, denn der Tag kommt plötzlich wie ein Blitzschlag für alle, die auf dem Angesicht der Erde verweilen. Beobachtet euren Geist und wacht auf! Kontrolliert eure Aufmerksamkeit. Bleibt wachsam, und betet, dass ihr all diesen Dingen entkommt, die allen Völkern der Erde geschehen werden."

46. LAZARUS STEHT VON DEN TOTEN AUF

Jesus traf sich mit Maria und Martha, den Schwestern von Lazarus, auf der anderen Seite des Jordan. Sie waren traurig, weil des Meisters alter Freund ernsthaft erkrankt war.

„Macht euch keine Sorgen", sagte Jesus, „Lazarus wird nicht sterben, und ich werde in Kürze zu Besuch kommen", und er schickte die Schwestern nach Hause. Zwei Tage später sagte er schließlich zu den Jüngern, „Gehen wir zu unserem Freund Lazarus, er ist eingeschlafen, und ich muss ihn aufwecken."

„Meister, wenn er eingeschlafen ist, dann wird er von allein aufwachen", sagten die Jünger.

Da sagte Jesus schlicht, „Schaut, Lazarus ist gestorben, aber ich bin nicht hingegangen, um seinen Tod zu verhindern, damit ihr die Herrlichkeit Gottes miterleben könnt."

Als sie ankamen, stellten sie fest, dass Lazarus tatsächlich gestorben und in einer Gruft beigesetzt worden war. Als Martha Jesus kommen sah, ging sie ihm entgegen, und sagte, „Herr, wenn du hier gewesen wärst, wäre mein Bruder nicht gestorben. Aber selbst jetzt weiß ich, was immer du bittest, wird Gott dir geben."

Jesus sagte, „Dein Bruder wird wieder aufstehen."

„Ja, ich weiß", sagte Martha, „Am Auferstehungstag wird er wieder aufstehen."

„ICH BIN die Auferstehung und das Leben", sagte Jesus. „Wer an mich glaubt, auch wenn er stirbt, wird dennoch leben. Glaubst du das?"

„Ja, Meister, ich glaube, du bist ein Christus, der in die Welt gekommen ist, um den Weg zu weisen."

Martha ging und holte ihre Schwester. Als Maria den Meister sah, warf sie sich vor ihm nieder, berührte seine Füße, und sagte, „Herr, wärst du hier gewesen, mein Bruder wäre nicht gestorben."

Als er sie weinen sah, war Jesus so tief bewegt, dass auch er weinte. Dann bat er sie, ihn zur Gruft zu führen, die eine Höhle war, vor die ein Stein gerollt worden war.

„Nehmt den Stein weg", bat Jesus.

Martha beteuerte, „Wenn wir das tun, wird es riechen, denn er ist seit Tagen tot."

„Martha, habe ich dir nicht gesagt, wenn du glaubst, wirst du die Herrlichkeit Gottes sehen?", sagte Jesus.

Sie rollten den Stein beiseite, wie Jesus verlangt hatte, und er erhob seine Augen zum Himmel und betete, „Vater ich danke dir, dass du mich gehört hast. Ich bitte dich nun, zeige diesen Menschen, wer du bist, und dass du der bist, der mich gesandt hat."

Dann rief er in die Höhle, „Lazarus, komm heraus."

Zu ihrem Erstaunen wankte Lazarus, in weißes Leinen gewickelt, aus dem Eingang, und Jesus forderte sie auf, ihm die Binden abzunehmen, damit er gehen konnte. Die Menge war schockiert.

Die Spione in der Menge rannten zu den Pharisäern, und sagten ihnen, was sie gesehen hatten. Die Hohepriester und Pharisäer sagten, „Wie sollen wir damit umgehen? Wenn wir ihm weiterhin diese Wunder vollbringen lassen, wird jeder an ihn glauben. Die Römer werden uns dann noch stärker unterdrücken, und uns als Volk vernichten."

Der Hohepriester, Kaiphas, sprach von einem Plan, von dem er vorgab, er wäre von jemand anderem. Er sagte, „Ich frage mich, ob es nicht besser ist, wenn ein Mensch stirbt, anstelle eines ganzen Volkes, und dass die Mittel, die wir anwenden, um das zu erreichen, am Ende gerechtfertigt sind?"

Er äußerte dies nicht als seine Ansicht, sondern mehr als Prophezeiung, was implizierte, dass Jesus sterben sollte, um das Volk zu retten. Die meisten der anderen Priester stimmten zu, und machten Pläne, um seinen Tod zu arrangieren. Da Jesus von ihrer Verschwörung wusste, ging er nicht mehr offen in der Menge, sondern in die Wüste nahe der Stadt Ephraim, wo er sich mit seinen Jüngern aufhielt.

Da nun das jüdische Passahfest bevorstand, reisten viele vom Land nach Jerusalem, und reinigten sich für die Feierlichkeit. Der Oberpriester und die Pharisäer gaben die Anweisung, wenn jemand wüsste, wo Jesus sich aufhielte, sollte man sie darüber informieren, damit sie ihn festnehmen könnten.

47. Maria salbt Jesus

Sechs Tage vor dem Passahfest ging Jesus nach Bethanien, wo Maria, Martha und Lazarus, der nun bei bester Gesundheit war, ein Abendessen für Jesus gaben. Nach dem Essen, noch ehe die Jünger erkannten, was geschah, nahm Martha ein Pfund von dem teuren Nardenöl-Balsam[5], salbte die Füße von Jesus, und wischte mit ihren Haaren ab, was zu viel war, und das Haus wurde von dem süßen Duft erfüllt. Einer der Jünger klagte, „Diese teure Salbe wurde den weiten Weg von Indien hierhergebracht, und hätte auf dem Markt für viel Geld verkauft werden können, das man den Armen hätte geben können."

Jesus antwortete, „Lass sie in Ruhe; sie hat etwas Schönes für mich getan. Die Armen werdet ihr immer um euch haben, aber mich werdet ihr nicht immer haben. Lasst sie den Rest des Balsams behalten, damit sie damit meinen Körper salbt, wenn ich beigesetzt werde."

---

[5] Die Indische Narde, (Gattung der Valerianoideae), ist ein hocharomatisches Kraut, das nur im Himalaya wächst; ein Hinweis auf den regen Handel zwischen der Mittelmeer-Region und Indien.

Als die Menge erfuhr, dass Jesus da war, kamen sie nicht nur, um ihn zu sehen, sondern auch, um Lazarus zu sehen, den Mann, der tot war, und nun wieder lebte. Dann glaubten sie, dass Jesus wahrlich der von Gott Gesalbte sein müsse, also schmiedeten die Priester Pläne, auch Lazarus zu töten.

48. ICH BIN EINS MIT GOTT

Jesus sagte, „Wer an mich glaubt, glaubt nicht an mich, sondern an das ICH BIN, das mich sandte. Wer mich sieht, sieht Ihn. Ich bin in die Welt gekommen als ein Licht, so dass der, der dieses Licht sieht, nicht länger in der Finsternis sein wird. Wenn irgendjemand meine Lehren hört und sie nicht befolgt, richte ich nicht, denn ich bin nicht gekommen, um zu richten, sondern um zu erleuchten. Derjenige, der meine Lehren ablehnt, wird am Jüngsten Tag gerichtet werden, jenem Tag nach dem Tod, wenn alle ihre vergangenen Handlungen nochmals betrachten. Was ich gesprochen habe, habe ich nicht aus eigener Autorität gesprochen, sondern aus der Autorität des Gottes, der mich gesandt hat. Lasst eure Herzen nicht besorgt sein darüber, was ich sage, sondern glaubt an das Licht Seiner Gegenwart.

„Im Hause meines Vaters gibt es viele Wohnungen. Jede Wohnung ist ein Universum, das viele Welten enthält. Ich gehe nun in eine dieser Wohnungen, um einen Ort für euch einzurichten. Wo ICH BIN, werdet ihr auch sein."

„Wohin gehst du Meister, und wie sollen wir wissen, wie man dorthin kommt?", fragte Philippus.

Jesus sagte, „ICH BIN der Weg, die Wahrheit und das Leben. Niemand kommt in das Haus des Vaters, außer durch dieses ICH BIN. Wenn ihr dieses ICH BIN erkennt, kennt ihr Gott, und ihr werdet den Weg wissen."

„Herr, wir verstehen nicht, wovon du sprichst, also bitte zeige uns den Vater", bat Philippus.

„Ich war so lange bei euch, Philippus, und ihr kennt mich immer noch nicht? Wer mich gesehen hat, der hat den Vater gesehen. Wie kannst du nur sagen, ,Zeig mir den Vater?' Siehst du nicht, dass ich und der Vater Eins sind? Wenn du das nicht glaubst, glaube wenigstens an mich und an das, was ich getan habe, all die Heilungen, die die Werke der Gegenwart Gottes waren. Wahrlich ich sage euch, wer die Innere Gott-Gegenwart kennt, kann das auch tun, was ich getan habe; und noch größere Werke als diese könnt ihr tun."

Jesus wies die Jünger an, mit Mitgefühl hinzugehen, die Kranken zu heilen, jene zu erwecken, die im Traum des Materialismus schliefen, und jene zu lehren, die Gott noch nicht über die Gegenwart in ihrem eigenen Herzen gefunden haben.

Er gab ihnen diese Unterweisung: „Da ich euch umsonst gegeben habe, gebt anderen umsonst. Wer euch aufnimmt, nimmt mich auf, und wer mich aufnimmt, der nimmt den Geist des Einen auf, der mich gesandt hat. Wenn einer einen Propheten in seinem Haus aufnimmt, empfängt er einen Segen, und wer euch gibt, sei es auch nur ein Becher mit Wasser, wird denselben Segen empfangen, wie wenn er mir den Becher gegeben hätte."

Als Jesus geendet hatte, sagte er zu seinen Jüngern, „Das Passahfest naht; bald werde ich festgenommen und an einem Kreuz befestigt werden, um meine Bestimmung zu erfüllen", aber die Jünger weigerten sich, das zu glauben, weil sie wussten, dass er ein Sohn Gottes war, und Gott würde ihn sicher erretten. Sie dachten auch, dass seine Rede von der Kreuzigung ein weiteres Gleichnis war, das sie nicht verstanden.

49. Im Garten Gethsemane

An diesem Abend nahm Jesus seine Jünger mit zum Garten Gethsemane, und sagte zu Petrus und einigen anderen, „Meine Seele ist betrübt, über das, was kommt, aber ich bitte euch, setzt euch hier nieder als meine Begleiter, während ich beiseite gehe, um zu meditieren."

Da er die bevorstehende Prüfung als Vision sah, war sein Herz schwer und sein Geist raste. Er betete, „Vater, wenn es möglich ist, lass diesen bitteren Kelch an mir vorübergehen; doch nicht mein Wille, sondern Dein Wille soll geschehen."

Als er zu seinen Jüngern zurückkehrte, sah er, dass sie schliefen. Er sagte zu Petrus, „Wach auf! Konntest du mit mir nicht eine Stunde wach bleiben? Ich weiß, dein Geist ist willig, aber dein menschlicher Wille scheint schwach zu sein."

Noch zweimal bat er sie, wach zu bleiben, während er betete, und wieder fielen sie in den Schlaf. Als er das letzte Mal zurückkam, weckte er sie auf, und sagte, „Steht auf, denn die Stunde steht bevor, in der ich ausgeliefert werden soll in die Hände der Handlanger des Bösen."

Gerade als er sprach, kamen die Priester mit Soldaten, angeführt von dem Jünger Judas, den Jesus zu den Priestern geschickt hatte, damit die Alte Weissagung sich erfüllte. Judas sagte zu den Soldaten, „Den ich küsse, der ist Jesus."

Judas ging zu Jesus hin, und sagte, „Ich grüße dich, Meister!"

Jesus antwortete, „Freund, tu, wofür du gekommen bist, es zu tun."

Also küsste ihn Judas auf die Wange, wie Jesus ihn angewiesen hatte, und die Soldaten ergriffen ihn.

Einer der Anhänger Jesu zog sein Schwert und schlug einen Soldaten des Hohepriesters, aber Jesus sagte, „Steck dein Schwert weg, denn alle, die nach dem Schwert greifen, werden durch das Schwert sterben. Glaubst du, dass ich mich nicht selbst retten kann, dass ich meinen Gott nicht bitten kann, und er mir sofort Erzengel Michael schickte, mit zwölf Legionen von Engeln, um mich zu schützen? Aber dann würde die Prophezeiung nicht erfüllt werden."

Er heilte den Soldaten, der vom Schwert geschlagen worden war, und sagte dann zu den Pharisäern, „Tagelang saß ich vor dem Tempel und habe euch gelehrt, frei aus meinem Herzen, und nun stellt ihr mir mit Schwertern nach, wie einem Dieb in der Nacht?"

50. VOR GERICHT

Während die Soldaten Jesus abführten, flohen die Jünger. Die Soldaten brachten ihn vor Kaiphas, den Hohepriester, bei dem sich die Schriftgelehrten und Pharisäer versammelt hatten. Vor dem gesamten Rat der Ältesten, genannt Sanhedrin, verlangten die Oberpriester nach Leuten, um gegen Jesus auszusagen, damit sie ihn hinrichten könnten, aber es sprach niemand. Schließlich traten zwei vor, die bestochen worden waren, und sagten, „Dieser Mann hat gesagt, ‚Ich kann den Tempel Gottes vernichten und ihn binnen drei Tagen wieder neu errichten'."

Der Hohepriester sagte zu Jesus, „Wie antwortest du auf diese Anklage?"

Jesus schwieg. Dann sagte Kaiphas, „Ich gebiete dir beim lebendigen Gott, mir zu sagen, ob du ein vom Höchsten Gesalbter bist, ein Sohn Gottes."

„Das habe ich diese vergangenen drei Jahre gesagt", sagte Jesus.

Daraufhin zerriss Kaiphas seine Robe im Zorn und rief, „Gotteslästerung! Gotteslästerung! Führt ihn ab."

Dann brachten sie ihn vor den römischen Statthalter, Pilatus, der ihn fragte, „Bist du der König der Juden?"

Jesus antwortete, „Nennst Du mich so, oder haben dir andere gesagt, dass ich mich so nenne?"

Pilatus antwortete, „Ich bin kein Jude. Deine eigenen Leute und deine Priester haben dich an mich ausgeliefert. Was hast du getan? Behauptest du, ein König zu sein? Antworte mir."

Jesus antwortete, „ICH BIN ein König, aber mein Königreich ist nicht von dieser Welt."

In diesem Augenblick rief die Frau von Pilatus aus dem anderen Zimmer, „Lass diesen guten Menschen in Ruhe; vergangene Nacht träumte ich von ihm, und ich habe sehr für ihn gelitten."

Als Pilatus das hörte, ging er zum Balkon des Palastes hinaus, und sagte den Leuten, „Ich finde keine Schuld an diesem Jesus; ich gebe ihn euch zurück."

Aber die Leute schrien, „Kreuzige ihn!"

Pilatus ging wieder hinein und fragte Jesus, „Warum bist du eigentlich hier?"

Jesus sagte, „Ich bin aus nur einem Grund in die Welt gekommen, um die Wahrheit zu bezeugen. Alle die die Wahrheit suchen, hören auf meine Worte."

Pilatus antwortete, „Was ist die Wahrheit?"

Aber Jesus antwortete nicht, denn er wusste, seine Stunde war gekommen.

„Also, du willst nicht mit mir reden?", sagte Pilatus, „Weißt du nicht, dass ich die Macht habe, dich freizulassen, oder dich kreuzigen zu lassen?"

Jesus antwortete, „Du hast keine Macht über mich, außer der, die dir mein Gott gibt."

Pilatus suchte wieder, ihn freizulassen, aber die Menge unter dem Balkon rief, „Wenn du diesen Mann freilässt, bist du kein Freund von Cäsar; er behauptet, ein König zu sein, der sich Cäsar widersetzt."

Als Pilatus das hörte, brachte er Jesus hinaus und stellte ihn vor die Menge, gekleidet in eine Purpur-Robe, und einer Krone aus Dornen auf seinem Kopf, die ihm die Soldaten aufgesetzt hatten. Dann sagte er, „Schaut, euer König!"

Wieder schrien sie, „Kreuzige ihn!"

Pilatus fragte sie, „Ihr wollt von mir, dass ich euren König kreuzige?"

Die Oberpriester antworteten, „Wir haben keinen König außer Cäsar."

In der Hoffnung, den Frieden unter den Leuten zu erhalten, die er zu regieren hatte, gab Pilatus nach, und befahl, Jesus zu kreuzigen.

51. Wiederauferstehung und Aufstieg

Drei Tage nach der Kreuzigung gingen zwei Männer zu dem Dorf Emmaus, ungefähr sieben Meilen von Jerusalem entfernt. Als sie darüber redeten, was alles geschehen war, kam ein Mann auf sie zu und fragte sie, „Worüber seid ihr so aufgeregt?"

Einer antwortete, „Du musst ein Fremder sein, denn jeder hier in der Gegend weiß, was in Jerusalem vor einigen Tagen geschehen ist!"

„Was ist geschehen?", fragte der Fremde.

Einer der Männer antwortete, „Die Kreuzigung von Jesus von Nazareth, ein Prophet und großer Heiler, der über Gott lehrte, aber von unseren eigenen Priestern verurteilt wurde. Wir hofften, er würde Israel von den Römern befreien, aber anscheinend war das nicht seine Mission. Heute ist der dritte Tag nach seinem Tod. Was erstaunlich ist, ist, dass einige Frauen, die wir kennen, heute Morgen bei seiner Grabstätte waren. Sie konnten in der Gruft seinen Körper nicht finden, aber sie sagten, sie hätten in der Nähe Engel gesehen, die ihnen sagten, dass er noch am Leben sei.

Also kamen die Frauen zurück. Einige unserer Freunde gingen zur Gruft, um nachzuschauen, und sie war leer, wie die Frauen gesagt hatten."

Als sie in die Nähe des Dorfes kamen, das ihr Ziel war, wollte der Fremde seinen Weg fortsetzen, aber sie drängten ihn, „Bleib bei uns, denn es wird Abend und der Tag neigt sich dem Ende zu."

So blieb der Fremde bei ihnen. Als sie später am Esstisch saßen, nahm der Fremde den Laib Brot und segnete ihn. Dann brach er davon ein Stück ab, und reichte jedem von ihnen eines – und in diesem Augenblick wussten sie, es war Jesus. Aber er verschwand. Sie saßen da, und schauten einander mit weit geöffneten Augen voller Erstaunen an. Jeder erzählte nun, wie er sich fühlte, als sie ihn zuerst auf der Straße trafen, wie ihre Herzen pochten, als er anfing zu sprechen.

Ohne den Morgen abzuwarten, standen sie vom Tisch auf, und gingen zurück nach Jerusalem. Dort fanden sie die verbliebenen elf Jünger, und erzählten ihnen, was geschehen war, wie sie Jesus auf der Straße getroffen hatten, und wie er nach dem Brotbrechen verschwunden war. Während sie sprachen, stand Jesus plötzlich wieder vor ihnen.

„Friede sei mit euch", sagte er.

Sie waren erschrocken, aber er sagte, „Habt keine Angst. Warum zweifelt ihr an euren Herzen? Schaut meine Hände und Füße an; ich bin es, Jesus, derselbe, den ihr immer kanntet. Berührt mich, und seht nach."

Da sie ihn erschrocken anschauten, beruhigte er sie mit den Worten, „Habt ihr etwas zu essen?"

Sie gaben ihm etwas, und er aß es vor ihnen. Dann sagte er, „Denkt daran, was ich gesagt habe, dass alles vorherbestimmt ist, und geschehen wird, wie vorausgesagt. Ich habe getan, was ich gesagt habe, dass ich sterben würde, und am dritten Tag wieder auferstehe von den Toten. Nun schaut die Herrlichkeit der Lebendigen Gegenwart."

Dann schoss ein Lichtstrahl wie ein Blitz aus ihm heraus, und in diesem Augenblick erkannten sie ihre eigentliche Natur, unbegrenzt von Raum und Zeit. Sie kannten nun die Wahrheit über Gott, die vorher ein Geheimnis gewesen war.

„Bleibt hier, bis ihr euch in diesem zeitlosen Bewusstsein stabilisiert habt", sagte der Meister.

Dann hielt er inne, und ging an den Straßenrand, erhob seine Hände, und segnete sie. Während sie zuschauten, begann er sich in Licht aufzulösen. Er erhob sich vom Boden, stieg höher und höher, bis er nicht mehr sichtbar war. Er war fort, aber oben am klaren Himmel war nun ein Regenbogen. Sie standen eine Zeitlang da, vor Erstaunen wie gelähmt. Dann kehrten sie zurück nach Jerusalem, wie Jesus sie angewiesen hatte, mit dem Gefühl, dass sie wahrhaftig im Himmlischen Königreich lebten, das nun auf der Erde war.

ANMERKUNG: AUFSTIEG

Der Aufstieg ist in Tibet wohl bekannt, und heißt dort *Jalus*, das Erlangen des Regenbogenkörpers. Dies ist der Vorgang, bei dem der physische Körper in das Höhere Selbst, das *Dharmakaya*, aufgelöst wird. Oft erscheint dabei ein Regenbogen.

QUELLENVERZEICHNIS

The Holy Bible, English Standard Version, Crossway, 2001.

The Holy Bible, New King James Version, Thomas Nelson, 1983.

Wise, Abegg, Cook *Dead Sea Scrolls,* HarperSanFrancisco, 1996.

Gospel According to Mary, Polebridge Press, 2003.

Gospel of Thomas, Scriptural-Truth.com.

Lisa Morris, *The Life and Teachings of the Historical Jesus*, 2009.

Raymond W. Bernard, *Apollonius of Tyana the Nazarene,* Fieldcrest Publishing, 1964.

J. M. Roberts, *Antiquity Unveiled,* 1894.

James M. Robinson, *The Secrets of Judas,* HarperCollins, 2006.

Philostratus, *The Life of Apollonius of Tyanna,* Translation by Conybeare,

www.sacred-texts.com.

DANKSAGUNG

Mein aufrichtiger Dank gilt Daye Proffit, Yemana Sanders und Julie Wolfe, für ihre Einsichten und redaktionelle Hilfe sowie Reinhold Köglmeier für die deutsche Übersetzung und Susanne Meyer für ihre editorische Unterstützung und das Lektorat.

Weitere Bücher von Peter Mt. Shasta

ICH BIN die offene Tür. 14 Reden der Aufgestiegenen Meister über den Gott im Innern, Ch.falk-Verlag, 2012.

Amerikanischer Titel:

„I AM" the Open Door, Pearl Publishing, 1978.

Abenteuer eines Westlichen Mystikers

Band 1: *Suche nach dem Guru,* BoD, 2015.

Band 2: *Im Dienst der Meister,* BoD, 2015.

Amerikanischer Titel:

Search for the Guru. Prequel to *Adventures of a Western Mystic, Apprentice* to the Masters, Church of the Seven Rays, 2013.

Adventures of a Western Mystic: Apprentice to the Masters, Church of the Seven Rays, 2010.

ICH BIN Affirmationen und das Geheimnis ihrer erfolgreichen Anwendung, BoD, 2015.

Amerikanischer Titel:

„I AM" Affirmations and the Secret of Their Effective Use, Church of the Seven Rays, 2012.

Lady Master Pearl. Erinnerungen an meine Lehrerin Pearl Dorris, BoD, 2016.

Amerikanischer Titel:

Lady Master Pearl - My Teacher, Church of the Seven Rays, 2016.

In Tibet auf der Suche nach dem geheimnisvollen wunscherfüllenden Juwel, BoD, 2017.

Amerikanischer Titel:

My Search in Tibet for the Secret Wish-Fulfilling Jewel, Church of the Seven Rays, 2016.

Um mit Peter Mt. Shasta Kontakt aufzunehmen, besuchen Sie bitte seine Internetseite und seinen Blog unter:

www.ich-bin-lehre.com